Organizo mi día a día

Copyright © 2017 Dolphin Dreams

Portada y maquetación: Raquel Montiel Núñez

All rights reserved.
Quedan prohibidos, dentro de los límites establecidos en la ley, la reproducción total o parcial de esta obra por cualquier medio o procedimiento, ya sea electrónico o mecánico y tratamiento informático, alquiler o cualquier otra forma de cesión de la obra sin la autorización previa y por escrito de los titulares del copyright.

ISBN-13: 978-1976206405

ISBN-10: 1976206405

FECHAS IMPORTANTES

ENERO

FEBRERO

MARZO

ABRIL

MAYO

JUNIO

JULIO

AGOSTO

SEPTIEMBRE

OCTUBRE

NOVIEMBRE

DICIEMBRE

Mes: _____

Lunes	Martes	Miércoles	Jueves	Viernes	Sábado	Domingo
☐	☐	☐	☐	☐	☐	☐
☐	☐	☐	☐	☐	☐	☐
☐	☐	☐	☐	☐	☐	☐
☐	☐	☐	☐	☐	☐	☐
☐	☐	☐	☐	☐	☐	☐
☐	☐	☐	☐	☐	☐	☐

Objetivos del mes:
_____
_____
_____
_____
_____

Importante:
_____
_____
_____
_____
_____

Mes: _____

Lunes   Martes   Miércoles   Jueves   Viernes   Sábado   Domingo

Objetivos del mes:

Importante:

Mes: _____

Lunes　　Martes　　Miércoles　　Jueves　　Viernes　　Sábado　　Domingo

Objetivos del mes:

Importante:

Mes: _____

Lunes	Martes	Miércoles	Jueves	Viernes	Sábado	Domingo

Objetivos del mes:

Importante:

Mes: _____

Lunes	Martes	Miércoles	Jueves	Viernes	Sábado	Domingo

Objetivos del mes:

Importante:

Mes: _____

Lunes	Martes	Miércoles	Jueves	Viernes	Sábado	Domingo

Objetivos del mes:
_____
_____
_____
_____
_____
_____

Importante:
_____
_____
_____
_____
_____
_____

Mes: _____

Lunes	Martes	Miércoles	Jueves	Viernes	Sábado	Domingo

Objetivos del mes:

Importante:

Mes: _____

Lunes   Martes   Miércoles   Jueves   Viernes   Sábado   Domingo

Objetivos del mes:

Importante:

Mes: _____

Lunes   Martes   Miércoles   Jueves   Viernes   Sábado   Domingo

Objetivos del mes:

Importante:

Mes: _____

Lunes   Martes   Miércoles   Jueves   Viernes   Sábado   Domingo

Objetivos del mes:

Importante:

Mes: _____

Lunes	Martes	Miércoles	Jueves	Viernes	Sábado	Domingo

Objetivos del mes:

Importante:

Mes: _____

Lunes Martes Miércoles Jueves Viernes Sábado Domingo

Objetivos del mes:

Importante:

Mi día

_____
FECHA

HORARIO

HORA	ACTIVIDAD

PRIORIDADES DEL DÍA ⚠

NOTAS

TAREAS PENDIENTES

- ☐
- ☐
- ☐
- ☐
- ☐
- ☐
- ☐
- ☐
- ☐
- ☐

NO OLVIDAR...

Desayuno

Comida

Cena

Mi día

FECHA

HORARIO

HORA	TAREAS

PRIORIDADES DEL DÍA

NOTAS

TAREAS PENDIENTES

- ☐
- ☐
- ☐
- ☐
- ☐
- ☐
- ☐
- ☐
- ☐
- ☐

NO OLVIDAR...

Desayuno | Comida | Cena

Mi día

FECHA

HORARIO

HORA	ACTIVIDAD

PRIORIDADES DEL DÍA

NOTAS

TAREAS PENDIENTES

- ☐
- ☐
- ☐
- ☐
- ☐
- ☐
- ☐
- ☐
- ☐
- ☐

NO OLVIDAR...

Desayuno Comida Cena

Mi día

FECHA

HORARIO

HORA	TAREAS

PRIORIDADES DEL DÍA

NOTAS

TAREAS PENDIENTES

- ☐
- ☐
- ☐
- ☐
- ☐
- ☐
- ☐
- ☐
- ☐
- ☐

NO OLVIDAR...

Desayuno   Comida   Cena

Mi día

FECHA

HORARIO

HORA	ACTIVIDAD

PRIORIDADES DEL DÍA

NOTAS

TAREAS PENDIENTES

- [ ]
- [ ]
- [ ]
- [ ]
- [ ]
- [ ]
- [ ]
- [ ]
- [ ]
- [ ]

NO OLVIDAR...

Desayuno   Comida   Cena

Mi día

FECHA

HORARIO

HORA	TAREAS

PRIORIDADES DEL DÍA ⚠

NOTAS

TAREAS PENDIENTES

- ☐
- ☐
- ☐
- ☐
- ☐
- ☐
- ☐
- ☐
- ☐
- ☐

NO OLVIDAR...

Desayuno Comida Cena

Mi día

FECHA

HORARIO

HORA	ACTIVIDAD

PRIORIDADES DEL DÍA

NOTAS

TAREAS PENDIENTES

- [ ]
- [ ]
- [ ]
- [ ]
- [ ]
- [ ]
- [ ]
- [ ]
- [ ]
- [ ]

NO OLVIDAR...

Desayuno Comida Cena

Mi día

FECHA

HORARIO

HORA	TAREAS

PRIORIDADES DEL DÍA

NOTAS

TAREAS PENDIENTES

- ☐
- ☐
- ☐
- ☐
- ☐
- ☐
- ☐
- ☐
- ☐
- ☐

NO OLVIDAR...

Desayuno | Comida | Cena

Mi día

FECHA

HORARIO

HORA	ACTIVIDAD

PRIORIDADES DEL DÍA

NOTAS

TAREAS PENDIENTES

- ☐
- ☐
- ☐
- ☐
- ☐
- ☐
- ☐
- ☐
- ☐
- ☐

NO OLVIDAR...

Desayuno | Comida | Cena

Mi día

FECHA

PRIORIDADES DEL DÍA

HORARIO

HORA	TAREAS

NOTAS

TAREAS PENDIENTES

- ☐
- ☐
- ☐
- ☐
- ☐
- ☐
- ☐
- ☐
- ☐
- ☐

NO OLVIDAR...

Desayuno Comida Cena

Mi día

FECHA

PRIORIDADES DEL DÍA

HORARIO

HORA	ACTIVIDAD

NOTAS

TAREAS PENDIENTES

- ☐
- ☐
- ☐
- ☐
- ☐
- ☐
- ☐
- ☐
- ☐
- ☐

NO OLVIDAR...

Desayuno   Comida   Cena

Mi día

FECHA

HORARIO

HORA	TAREAS

PRIORIDADES DEL DÍA

NOTAS

TAREAS PENDIENTES

- ☐
- ☐
- ☐
- ☐
- ☐
- ☐
- ☐
- ☐
- ☐
- ☐

NO OLVIDAR...

Desayuno Comida Cena

Mi día

FECHA

HORARIO

HORA	ACTIVIDAD

PRIORIDADES DEL DÍA

NOTAS

TAREAS PENDIENTES

- ☐
- ☐
- ☐
- ☐
- ☐
- ☐
- ☐
- ☐
- ☐
- ☐

NO OLVIDAR...

Desayuno | Comida | Cena

Mi día

FECHA

HORARIO

HORA	TAREAS

PRIORIDADES DEL DÍA

NOTAS

TAREAS PENDIENTES

- ☐
- ☐
- ☐
- ☐
- ☐
- ☐
- ☐
- ☐
- ☐
- ☐

NO OLVIDAR...

Desayuno — Comida — Cena

Mi día

FECHA

HORARIO

HORA	ACTIVIDAD

PRIORIDADES DEL DÍA

NOTAS

TAREAS PENDIENTES

- ☐
- ☐
- ☐
- ☐
- ☐
- ☐
- ☐
- ☐
- ☐
- ☐

NO OLVIDAR...

Desayuno   Comida   Cena

Mi día

FECHA

HORARIO

HORA	TAREAS

PRIORIDADES DEL DÍA

NOTAS

TAREAS PENDIENTES

- ☐
- ☐
- ☐
- ☐
- ☐
- ☐
- ☐
- ☐
- ☐
- ☐

NO OLVIDAR...

Desayuno · Comida · Cena

Mi día

FECHA

HORARIO

HORA	ACTIVIDAD

PRIORIDADES DEL DÍA

NOTAS

TAREAS PENDIENTES

- ☐
- ☐
- ☐
- ☐
- ☐
- ☐
- ☐
- ☐
- ☐
- ☐

NO OLVIDAR...

Desayuno Comida Cena

Mi día

FECHA

HORARIO

HORA	TAREAS

PRIORIDADES DEL DÍA

NOTAS

TAREAS PENDIENTES

- ☐
- ☐
- ☐
- ☐
- ☐
- ☐
- ☐
- ☐
- ☐
- ☐

NO OLVIDAR...

Desayuno   Comida   Cena

Mi día

FECHA

HORARIO

HORA	ACTIVIDAD

PRIORIDADES DEL DÍA

NOTAS

TAREAS PENDIENTES

- ☐
- ☐
- ☐
- ☐
- ☐
- ☐
- ☐
- ☐
- ☐
- ☐

NO OLVIDAR...

Desayuno   Comida   Cena

Mi día

FECHA

HORARIO

HORA	TAREAS

PRIORIDADES DEL DÍA

NOTAS

TAREAS PENDIENTES

- ☐
- ☐
- ☐
- ☐
- ☐
- ☐
- ☐
- ☐
- ☐
- ☐

NO OLVIDAR...

Desayuno · Comida · Cena

Mi día

FECHA

HORARIO

HORA	ACTIVIDAD

PRIORIDADES DEL DÍA

NOTAS

TAREAS PENDIENTES

- ☐
- ☐
- ☐
- ☐
- ☐
- ☐
- ☐
- ☐
- ☐
- ☐

NO OLVIDAR...

Desayuno Comida Cena

Mi día

FECHA

HORARIO

HORA	TAREAS

PRIORIDADES DEL DÍA

NOTAS

TAREAS PENDIENTES

- [ ]
- [ ]
- [ ]
- [ ]
- [ ]
- [ ]
- [ ]
- [ ]
- [ ]
- [ ]

NO OLVIDAR...

Desayuno   Comida   Cena

Mi día

FECHA

HORARIO

HORA	ACTIVIDAD

PRIORIDADES DEL DÍA

NOTAS

TAREAS PENDIENTES

- ☐
- ☐
- ☐
- ☐
- ☐
- ☐
- ☐
- ☐
- ☐
- ☐

NO OLVIDAR...

Desayuno | Comida | Cena

Mi día

FECHA

HORARIO

HORA	TAREAS

PRIORIDADES DEL DÍA

NOTAS

TAREAS PENDIENTES

- [ ]
- [ ]
- [ ]
- [ ]
- [ ]
- [ ]
- [ ]
- [ ]
- [ ]
- [ ]

NO OLVIDAR...

Desayuno | Comida | Cena

Mi día

FECHA

HORARIO

HORA	ACTIVIDAD

PRIORIDADES DEL DÍA

NOTAS

TAREAS PENDIENTES

- [ ]
- [ ]
- [ ]
- [ ]
- [ ]
- [ ]
- [ ]
- [ ]
- [ ]
- [ ]

NO OLVIDAR...

Desayuno　Comida　Cena

Mi día

FECHA

HORARIO

HORA	TAREAS

PRIORIDADES DEL DÍA

NOTAS

TAREAS PENDIENTES

- ☐
- ☐
- ☐
- ☐
- ☐
- ☐
- ☐
- ☐
- ☐
- ☐

NO OLVIDAR...

Desayuno   Comida   Cena

Mi día

FECHA

HORARIO

HORA	ACTIVIDAD

PRIORIDADES DEL DÍA

NOTAS

TAREAS PENDIENTES

- ☐
- ☐
- ☐
- ☐
- ☐
- ☐
- ☐
- ☐
- ☐
- ☐

NO OLVIDAR...

Desayuno   Comida   Cena

Mi día

FECHA

HORARIO

HORA	TAREAS

PRIORIDADES DEL DÍA

NOTAS

TAREAS PENDIENTES
- ☐
- ☐
- ☐
- ☐
- ☐
- ☐
- ☐
- ☐
- ☐
- ☐

NO OLVIDAR...

Desayuno | Comida | Cena

Mi día

FECHA

HORARIO

HORA	ACTIVIDAD

PRIORIDADES DEL DÍA

NOTAS

TAREAS PENDIENTES

- ☐
- ☐
- ☐
- ☐
- ☐
- ☐
- ☐
- ☐
- ☐
- ☐

NO OLVIDAR...

Desayuno Comida Cena

Mi día

FECHA

HORARIO

HORA	TAREAS

PRIORIDADES DEL DÍA

NOTAS

TAREAS PENDIENTES

- ☐
- ☐
- ☐
- ☐
- ☐
- ☐
- ☐
- ☐
- ☐
- ☐

NO OLVIDAR...

Desayuno　　Comida　　Cena

Mi día

FECHA

HORARIO

HORA	ACTIVIDAD

PRIORIDADES DEL DÍA

NOTAS

TAREAS PENDIENTES

- [ ]
- [ ]
- [ ]
- [ ]
- [ ]
- [ ]
- [ ]
- [ ]
- [ ]
- [ ]

NO OLVIDAR...

Desayuno   Comida   Cena

Mi día

FECHA

HORARIO

HORA	TAREAS

PRIORIDADES DEL DÍA

NOTAS

TAREAS PENDIENTES

- ☐
- ☐
- ☐
- ☐
- ☐
- ☐
- ☐
- ☐
- ☐
- ☐

NO OLVIDAR...

Desayuno Comida Cena

Mi día

FECHA

HORARIO

HORA	ACTIVIDAD

PRIORIDADES DEL DÍA

NOTAS

TAREAS PENDIENTES

- ☐
- ☐
- ☐
- ☐
- ☐
- ☐
- ☐
- ☐
- ☐
- ☐

NO OLVIDAR...

Desayuno — Comida — Cena

Mi día

FECHA

HORARIO

HORA	TAREAS

PRIORIDADES DEL DÍA

NOTAS

TAREAS PENDIENTES

- ☐
- ☐
- ☐
- ☐
- ☐
- ☐
- ☐
- ☐
- ☐
- ☐

NO OLVIDAR...

Desayuno Comida Cena

Mi día

FECHA

PRIORIDADES DEL DÍA

HORARIO

HORA	ACTIVIDAD

NOTAS

TAREAS PENDIENTES

- ☐
- ☐
- ☐
- ☐
- ☐
- ☐
- ☐
- ☐
- ☐
- ☐

NO OLVIDAR...

Desayuno — Comida — Cena

Mi día

FECHA

HORARIO

HORA	TAREAS

PRIORIDADES DEL DÍA

NOTAS

TAREAS PENDIENTES

- ☐
- ☐
- ☐
- ☐
- ☐
- ☐
- ☐
- ☐
- ☐
- ☐

NO OLVIDAR...

Desayuno Comida Cena

Mi día

FECHA

HORARIO

HORA	ACTIVIDAD

PRIORIDADES DEL DÍA

NOTAS

TAREAS PENDIENTES

- [ ]
- [ ]
- [ ]
- [ ]
- [ ]
- [ ]
- [ ]
- [ ]
- [ ]
- [ ]

NO OLVIDAR...

Desayuno | Comida | Cena

//
Mi día

FECHA

HORARIO

HORA	TAREAS

PRIORIDADES DEL DÍA

NOTAS

TAREAS PENDIENTES

- [ ]
- [ ]
- [ ]
- [ ]
- [ ]
- [ ]
- [ ]
- [ ]
- [ ]
- [ ]

NO OLVIDAR...

Desayuno Comida Cena

Mi día

FECHA

HORARIO

HORA	ACTIVIDAD

PRIORIDADES DEL DÍA

NOTAS

TAREAS PENDIENTES

- ☐
- ☐
- ☐
- ☐
- ☐
- ☐
- ☐
- ☐
- ☐
- ☐

NO OLVIDAR...

Desayuno   Comida   Cena

Mi día

FECHA

HORARIO

HORA	TAREAS

PRIORIDADES DEL DÍA

NOTAS

TAREAS PENDIENTES

- ☐
- ☐
- ☐
- ☐
- ☐
- ☐
- ☐
- ☐
- ☐
- ☐

NO OLVIDAR...

Desayuno   Comida   Cena

Mi día

FECHA

HORARIO

HORA	ACTIVIDAD

PRIORIDADES DEL DÍA

NOTAS

TAREAS PENDIENTES

- ☐
- ☐
- ☐
- ☐
- ☐
- ☐
- ☐
- ☐
- ☐
- ☐

NO OLVIDAR...

Desayuno Comida Cena

Mi día

FECHA

PRIORIDADES DEL DÍA

HORARIO

HORA	TAREAS

NOTAS

TAREAS PENDIENTES

- ☐
- ☐
- ☐
- ☐
- ☐
- ☐
- ☐
- ☐
- ☐
- ☐

NO OLVIDAR...

Desayuno   Comida   Cena

Mi día

FECHA

HORARIO

HORA	ACTIVIDAD

PRIORIDADES DEL DÍA

NOTAS

TAREAS PENDIENTES

- ☐
- ☐
- ☐
- ☐
- ☐
- ☐
- ☐
- ☐
- ☐
- ☐

NO OLVIDAR...

Desayuno   Comida   Cena

Mi día

FECHA

HORARIO

HORA	TAREAS

PRIORIDADES DEL DÍA

NOTAS

TAREAS PENDIENTES

- [ ]
- [ ]
- [ ]
- [ ]
- [ ]
- [ ]
- [ ]
- [ ]
- [ ]
- [ ]

NO OLVIDAR...

Desayuno Comida Cena

Mi día

FECHA

HORARIO

HORA	ACTIVIDAD

PRIORIDADES DEL DÍA

NOTAS

TAREAS PENDIENTES

- ☐
- ☐
- ☐
- ☐
- ☐
- ☐
- ☐
- ☐
- ☐
- ☐

NO OLVIDAR...

Desayuno   Comida   Cena

Mi día

FECHA

HORARIO

HORA	TAREAS

PRIORIDADES DEL DÍA

NOTAS

TAREAS PENDIENTES

- ☐
- ☐
- ☐
- ☐
- ☐
- ☐
- ☐
- ☐
- ☐
- ☐

NO OLVIDAR...

Desayuno | Comida | Cena

Mi día

FECHA

HORARIO

HORA	ACTIVIDAD

PRIORIDADES DEL DÍA

NOTAS

TAREAS PENDIENTES

- ☐
- ☐
- ☐
- ☐
- ☐
- ☐
- ☐
- ☐
- ☐
- ☐

NO OLVIDAR...

Desayuno   Comida   Cena

Mi día

FECHA

HORARIO

HORA	TAREAS

PRIORIDADES DEL DÍA ⚠

NOTAS

TAREAS PENDIENTES

- ☐
- ☐
- ☐
- ☐
- ☐
- ☐
- ☐
- ☐
- ☐
- ☐

NO OLVIDAR...

Desayuno | Comida | Cena

Mi día

FECHA

HORARIO

HORA	ACTIVIDAD

PRIORIDADES DEL DÍA

NOTAS

TAREAS PENDIENTES

- ☐
- ☐
- ☐
- ☐
- ☐
- ☐
- ☐
- ☐
- ☐
- ☐

NO OLVIDAR...

Desayuno · Comida · Cena

Mi día

FECHA

HORARIO

HORA	TAREAS

PRIORIDADES DEL DÍA

NOTAS

TAREAS PENDIENTES

- ☐
- ☐
- ☐
- ☐
- ☐
- ☐
- ☐
- ☐
- ☐
- ☐

NO OLVIDAR...

Desayuno | Comida | Cena

Mi día

FECHA

HORARIO

HORA	ACTIVIDAD

PRIORIDADES DEL DÍA

NOTAS

TAREAS PENDIENTES

- ☐
- ☐
- ☐
- ☐
- ☐
- ☐
- ☐
- ☐
- ☐
- ☐

NO OLVIDAR...

Desayuno | Comida | Cena

Mi día

FECHA

HORARIO

HORA	TAREAS

PRIORIDADES DEL DÍA

NOTAS

TAREAS PENDIENTES

- ☐
- ☐
- ☐
- ☐
- ☐
- ☐
- ☐
- ☐
- ☐
- ☐

NO OLVIDAR...

Desayuno   Comida   Cena

Mi día

FECHA

HORARIO

HORA	ACTIVIDAD

PRIORIDADES DEL DÍA

NOTAS

TAREAS PENDIENTES

- ☐
- ☐
- ☐
- ☐
- ☐
- ☐
- ☐
- ☐
- ☐
- ☐

NO OLVIDAR...

Desayuno | Comida | Cena

Mi día

FECHA

HORARIO

HORA	TAREAS

PRIORIDADES DEL DÍA

NOTAS

TAREAS PENDIENTES

- ☐
- ☐
- ☐
- ☐
- ☐
- ☐
- ☐
- ☐
- ☐
- ☐

NO OLVIDAR...

Desayuno   Comida   Cena

Mi día

FECHA

HORARIO

HORA	ACTIVIDAD

PRIORIDADES DEL DÍA

NOTAS

TAREAS PENDIENTES

- [ ]
- [ ]
- [ ]
- [ ]
- [ ]
- [ ]
- [ ]
- [ ]
- [ ]
- [ ]

NO OLVIDAR...

Desayuno | Comida | Cena

Mi día

FECHA

HORARIO

HORA	TAREAS

PRIORIDADES DEL DÍA

NOTAS

TAREAS PENDIENTES

- ☐
- ☐
- ☐
- ☐
- ☐
- ☐
- ☐
- ☐
- ☐
- ☐

NO OLVIDAR...

Desayuno   Comida   Cena

Mi día

FECHA

HORARIO

HORA	ACTIVIDAD

PRIORIDADES DEL DÍA

NOTAS

TAREAS PENDIENTES

- ☐
- ☐
- ☐
- ☐
- ☐
- ☐
- ☐
- ☐
- ☐
- ☐

NO OLVIDAR...

Desayuno   Comida   Cena

Mi día

FECHA

HORARIO

HORA	TAREAS

PRIORIDADES DEL DÍA

NOTAS

TAREAS PENDIENTES

- ☐
- ☐
- ☐
- ☐
- ☐
- ☐
- ☐
- ☐
- ☐
- ☐

NO OLVIDAR...

Desayuno Comida Cena

Mi día

FECHA

HORARIO

HORA	ACTIVIDAD

PRIORIDADES DEL DÍA

NOTAS

TAREAS PENDIENTES

- ☐
- ☐
- ☐
- ☐
- ☐
- ☐
- ☐
- ☐
- ☐
- ☐

NO OLVIDAR...

Desayuno Comida Cena

Mi día

FECHA

HORARIO

HORA	TAREAS

PRIORIDADES DEL DÍA

NOTAS

TAREAS PENDIENTES

- ☐
- ☐
- ☐
- ☐
- ☐
- ☐
- ☐
- ☐
- ☐
- ☐

NO OLVIDAR...

Desayuno Comida Cena

Mi día

FECHA

HORARIO

HORA	ACTIVIDAD

PRIORIDADES DEL DÍA

NOTAS

TAREAS PENDIENTES

- ☐
- ☐
- ☐
- ☐
- ☐
- ☐
- ☐
- ☐
- ☐
- ☐

NO OLVIDAR...

Desayuno Comida Cena

Mi día

FECHA

HORARIO

HORA	TAREAS

PRIORIDADES DEL DÍA

NOTAS

TAREAS PENDIENTES

- ☐
- ☐
- ☐
- ☐
- ☐
- ☐
- ☐
- ☐
- ☐
- ☐

NO OLVIDAR...

Desayuno Comida Cena

Mi día

FECHA

HORARIO

HORA	ACTIVIDAD

PRIORIDADES DEL DÍA

NOTAS

TAREAS PENDIENTES

- ☐
- ☐
- ☐
- ☐
- ☐
- ☐
- ☐
- ☐
- ☐
- ☐

NO OLVIDAR...

Desayuno | Comida | Cena

Mi día

FECHA

HORARIO

HORA	TAREAS

PRIORIDADES DEL DÍA

NOTAS

TAREAS PENDIENTES

- [ ]
- [ ]
- [ ]
- [ ]
- [ ]
- [ ]
- [ ]
- [ ]
- [ ]
- [ ]

NO OLVIDAR...

Desayuno　　Comida　　Cena

Mi día

FECHA

_____

HORARIO

HORA	ACTIVIDAD

PRIORIDADES DEL DÍA

NOTAS

TAREAS PENDIENTES

- ☐
- ☐
- ☐
- ☐
- ☐
- ☐
- ☐
- ☐
- ☐
- ☐

NO OLVIDAR...

Desayuno | Comida | Cena

Mi día

FECHA

HORARIO

HORA	TAREAS

PRIORIDADES DEL DÍA ⚠

NOTAS

TAREAS PENDIENTES

- ☐
- ☐
- ☐
- ☐
- ☐
- ☐
- ☐
- ☐
- ☐
- ☐

NO OLVIDAR...

Desayuno Comida Cena

Mi día

FECHA

HORARIO

HORA	ACTIVIDAD

PRIORIDADES DEL DÍA

NOTAS

TAREAS PENDIENTES

- ☐
- ☐
- ☐
- ☐
- ☐
- ☐
- ☐
- ☐
- ☐
- ☐

NO OLVIDAR...

Desayuno — Comida — Cena

Mi día

FECHA

HORARIO

HORA	TAREAS

PRIORIDADES DEL DÍA

NOTAS

TAREAS PENDIENTES

- ☐
- ☐
- ☐
- ☐
- ☐
- ☐
- ☐
- ☐
- ☐
- ☐

NO OLVIDAR...

Desayuno   Comida   Cena

Mi día

FECHA

HORARIO

HORA	ACTIVIDAD

PRIORIDADES DEL DÍA

NOTAS

TAREAS PENDIENTES

- ☐
- ☐
- ☐
- ☐
- ☐
- ☐
- ☐
- ☐
- ☐
- ☐

NO OLVIDAR...

Desayuno Comida Cena

Mi día

FECHA

HORARIO

HORA	TAREAS

PRIORIDADES DEL DÍA

NOTAS

TAREAS PENDIENTES

- ☐
- ☐
- ☐
- ☐
- ☐
- ☐
- ☐
- ☐
- ☐
- ☐

NO OLVIDAR...

Desayuno Comida Cena

Mi día

FECHA

PRIORIDADES DEL DÍA

HORARIO

HORA	ACTIVIDAD

NOTAS

TAREAS PENDIENTES

- [ ]
- [ ]
- [ ]
- [ ]
- [ ]
- [ ]
- [ ]
- [ ]
- [ ]
- [ ]

NO OLVIDAR...

Desayuno Comida Cena

Mi día

FECHA

PRIORIDADES DEL DÍA

HORARIO

HORA	TAREAS

NOTAS

TAREAS PENDIENTES

- ☐
- ☐
- ☐
- ☐
- ☐
- ☐
- ☐
- ☐
- ☐
- ☐

NO OLVIDAR...

Desayuno   Comida   Cena

Mi día

FECHA

HORARIO

HORA	ACTIVIDAD

PRIORIDADES DEL DÍA

NOTAS

TAREAS PENDIENTES

- ☐
- ☐
- ☐
- ☐
- ☐
- ☐
- ☐
- ☐
- ☐
- ☐

NO OLVIDAR...

Desayuno | Comida | Cena

Mi día

FECHA

HORARIO

HORA	TAREAS

PRIORIDADES DEL DÍA

NOTAS

TAREAS PENDIENTES

- ☐
- ☐
- ☐
- ☐
- ☐
- ☐
- ☐
- ☐
- ☐
- ☐

NO OLVIDAR...

Desayuno   Comida   Cena

Mi día

FECHA

PRIORIDADES DEL DÍA

HORARIO

HORA	ACTIVIDAD

NOTAS

TAREAS PENDIENTES

- ☐
- ☐
- ☐
- ☐
- ☐
- ☐
- ☐
- ☐
- ☐
- ☐

NO OLVIDAR...

Desayuno   Comida   Cena

Mi día

FECHA

HORARIO

HORA	TAREAS

PRIORIDADES DEL DÍA

NOTAS

TAREAS PENDIENTES

- ☐
- ☐
- ☐
- ☐
- ☐
- ☐
- ☐
- ☐
- ☐
- ☐

NO OLVIDAR...

Desayuno   Comida   Cena

Mi día

FECHA

HORARIO

HORA	ACTIVIDAD

PRIORIDADES DEL DÍA

NOTAS

TAREAS PENDIENTES

- ☐
- ☐
- ☐
- ☐
- ☐
- ☐
- ☐
- ☐
- ☐
- ☐

NO OLVIDAR...

Desayuno   Comida   Cena

Mi día

FECHA

HORARIO

HORA	TAREAS

PRIORIDADES DEL DÍA

NOTAS

TAREAS PENDIENTES

- ☐
- ☐
- ☐
- ☐
- ☐
- ☐
- ☐
- ☐
- ☐
- ☐

NO OLVIDAR...

Desayuno Comida Cena

Mi día

FECHA

HORARIO

HORA	ACTIVIDAD

PRIORIDADES DEL DÍA

NOTAS

TAREAS PENDIENTES

- [ ]
- [ ]
- [ ]
- [ ]
- [ ]
- [ ]
- [ ]
- [ ]
- [ ]
- [ ]

NO OLVIDAR…

Desayuno · Comida · Cena

Mi día

FECHA

PRIORIDADES DEL DÍA

HORARIO

HORA	TAREAS

NOTAS

TAREAS PENDIENTES

- ☐
- ☐
- ☐
- ☐
- ☐
- ☐
- ☐
- ☐
- ☐
- ☐

NO OLVIDAR...

Desayuno   Comida   Cena

Mi día

FECHA

HORARIO

HORA	ACTIVIDAD

PRIORIDADES DEL DÍA

NOTAS

TAREAS PENDIENTES

- ☐
- ☐
- ☐
- ☐
- ☐
- ☐
- ☐
- ☐
- ☐
- ☐

NO OLVIDAR...

Desayuno　　Comida　　Cena

Mi día

FECHA

HORARIO

HORA	TAREAS

PRIORIDADES DEL DÍA

NOTAS

TAREAS PENDIENTES

- ☐
- ☐
- ☐
- ☐
- ☐
- ☐
- ☐
- ☐
- ☐
- ☐

NO OLVIDAR...

Desayuno Comida Cena

Mi día

FECHA

HORARIO

HORA	ACTIVIDAD

PRIORIDADES DEL DÍA

NOTAS

TAREAS PENDIENTES

- ☐
- ☐
- ☐
- ☐
- ☐
- ☐
- ☐
- ☐
- ☐
- ☐

NO OLVIDAR...

Desayuno   Comida   Cena

Mi día

FECHA

HORARIO

HORA	TAREAS

PRIORIDADES DEL DÍA

NOTAS

TAREAS PENDIENTES

- ☐
- ☐
- ☐
- ☐
- ☐
- ☐
- ☐
- ☐
- ☐
- ☐

NO OLVIDAR...

Desayuno   Comida   Cena

Mi día

FECHA

HORARIO

HORA	ACTIVIDAD

PRIORIDADES DEL DÍA

NOTAS

TAREAS PENDIENTES

- ☐
- ☐
- ☐
- ☐
- ☐
- ☐
- ☐
- ☐
- ☐
- ☐

NO OLVIDAR...

Desayuno   Comida   Cena

Mi día

FECHA

PRIORIDADES DEL DÍA

HORARIO

HORA	TAREAS

NOTAS

TAREAS PENDIENTES

- ☐
- ☐
- ☐
- ☐
- ☐
- ☐
- ☐
- ☐
- ☐
- ☐

NO OLVIDAR...

Desayuno   Comida   Cena

Mi día

FECHA _____

HORARIO

HORA	ACTIVIDAD

PRIORIDADES DEL DÍA

NOTAS

TAREAS PENDIENTES

- ☐
- ☐
- ☐
- ☐
- ☐
- ☐
- ☐
- ☐
- ☐
- ☐

NO OLVIDAR...

Desayuno | Comida | Cena

Mi día

FECHA

HORARIO

HORA	TAREAS

PRIORIDADES DEL DÍA

NOTAS

TAREAS PENDIENTES

- ☐
- ☐
- ☐
- ☐
- ☐
- ☐
- ☐
- ☐
- ☐
- ☐

NO OLVIDAR...

Desayuno　　Comida　　Cena

Mi día

FECHA

HORARIO

HORA	ACTIVIDAD

PRIORIDADES DEL DÍA

NOTAS

TAREAS PENDIENTES

- ☐
- ☐
- ☐
- ☐
- ☐
- ☐
- ☐
- ☐
- ☐
- ☐

NO OLVIDAR...

Desayuno | Comida | Cena

Mi día

FECHA

PRIORIDADES DEL DÍA

HORARIO

HORA	TAREAS

NOTAS

TAREAS PENDIENTES

- ☐
- ☐
- ☐
- ☐
- ☐
- ☐
- ☐
- ☐
- ☐
- ☐

NO OLVIDAR...

Desayuno | Comida | Cena

Mi día

FECHA

HORARIO

HORA	ACTIVIDAD

PRIORIDADES DEL DÍA

NOTAS

TAREAS PENDIENTES

- ☐
- ☐
- ☐
- ☐
- ☐
- ☐
- ☐
- ☐
- ☐
- ☐

NO OLVIDAR...

Desayuno | Comida | Cena

Mi día

FECHA

HORARIO

HORA	TAREAS

PRIORIDADES DEL DÍA

NOTAS

TAREAS PENDIENTES

- ☐
- ☐
- ☐
- ☐
- ☐
- ☐
- ☐
- ☐
- ☐
- ☐

NO OLVIDAR...

Desayuno   Comida   Cena

Mi día

FECHA

HORARIO

HORA	ACTIVIDAD

PRIORIDADES DEL DÍA

NOTAS

TAREAS PENDIENTES

- ☐
- ☐
- ☐
- ☐
- ☐
- ☐
- ☐
- ☐
- ☐
- ☐

NO OLVIDAR...

Desayuno · Comida · Cena

Mi día

FECHA

HORARIO

HORA	TAREAS

PRIORIDADES DEL DÍA

NOTAS

TAREAS PENDIENTES

- ☐
- ☐
- ☐
- ☐
- ☐
- ☐
- ☐
- ☐
- ☐
- ☐

NO OLVIDAR...

Desayuno | Comida | Cena

Mi día

FECHA

HORARIO

HORA	ACTIVIDAD

PRIORIDADES DEL DÍA

NOTAS

TAREAS PENDIENTES

- ☐
- ☐
- ☐
- ☐
- ☐
- ☐
- ☐
- ☐
- ☐
- ☐

NO OLVIDAR...

Desayuno   Comida   Cena

Mi día

FECHA

HORARIO

HORA	TAREAS

PRIORIDADES DEL DÍA

NOTAS

TAREAS PENDIENTES

- ☐
- ☐
- ☐
- ☐
- ☐
- ☐
- ☐
- ☐
- ☐
- ☐

NO OLVIDAR...

Desayuno   Comida   Cena

Mi día

FECHA

HORARIO

HORA	ACTIVIDAD

PRIORIDADES DEL DÍA

NOTAS

TAREAS PENDIENTES

- ☐
- ☐
- ☐
- ☐
- ☐
- ☐
- ☐
- ☐
- ☐
- ☐

NO OLVIDAR...

Desayuno   Comida   Cena

Mi día

FECHA

HORARIO

HORA	TAREAS

PRIORIDADES DEL DÍA

NOTAS

TAREAS PENDIENTES

- [ ]
- [ ]
- [ ]
- [ ]
- [ ]
- [ ]
- [ ]
- [ ]
- [ ]
- [ ]

NO OLVIDAR...

Desayuno Comida Cena

Mi día

FECHA

HORARIO

HORA	ACTIVIDAD

PRIORIDADES DEL DÍA

NOTAS

TAREAS PENDIENTES

- ☐
- ☐
- ☐
- ☐
- ☐
- ☐
- ☐
- ☐
- ☐
- ☐

NO OLVIDAR...

Desayuno | Comida | Cena

Mi día

FECHA

HORARIO

HORA	TAREAS

PRIORIDADES DEL DÍA

NOTAS

TAREAS PENDIENTES

- ☐
- ☐
- ☐
- ☐
- ☐
- ☐
- ☐
- ☐
- ☐
- ☐

NO OLVIDAR...

Desayuno   Comida   Cena

Mi día

FECHA

HORARIO

HORA	ACTIVIDAD

PRIORIDADES DEL DÍA

NOTAS

TAREAS PENDIENTES

- ☐
- ☐
- ☐
- ☐
- ☐
- ☐
- ☐
- ☐
- ☐
- ☐

NO OLVIDAR...

Desayuno Comida Cena

Mi día

FECHA

PRIORIDADES DEL DÍA

HORARIO

HORA	TAREAS

NOTAS

TAREAS PENDIENTES

- ☐
- ☐
- ☐
- ☐
- ☐
- ☐
- ☐
- ☐
- ☐
- ☐

NO OLVIDAR...

Desayuno　　Comida　　Cena

Mi día

FECHA

HORARIO

HORA	ACTIVIDAD

PRIORIDADES DEL DÍA

NOTAS

TAREAS PENDIENTES

- ☐
- ☐
- ☐
- ☐
- ☐
- ☐
- ☐
- ☐
- ☐
- ☐

NO OLVIDAR...

Desayuno   Comida   Cena

Mi día

FECHA

HORARIO

HORA	TAREAS

PRIORIDADES DEL DÍA

NOTAS

TAREAS PENDIENTES

- ☐
- ☐
- ☐
- ☐
- ☐
- ☐
- ☐
- ☐
- ☐
- ☐

NO OLVIDAR...

Desayuno   Comida   Cena

Mi día

FECHA

HORARIO

HORA	ACTIVIDAD

PRIORIDADES DEL DÍA

NOTAS

TAREAS PENDIENTES

- ☐
- ☐
- ☐
- ☐
- ☐
- ☐
- ☐
- ☐
- ☐
- ☐

NO OLVIDAR...

Desayuno | Comida | Cena

Mi día

FECHA

HORARIO

HORA	TAREAS

PRIORIDADES DEL DÍA

NOTAS

TAREAS PENDIENTES

- ☐
- ☐
- ☐
- ☐
- ☐
- ☐
- ☐
- ☐
- ☐
- ☐

NO OLVIDAR...

Desayuno Comida Cena

Mi día

FECHA

HORARIO

HORA	ACTIVIDAD

PRIORIDADES DEL DÍA

NOTAS

TAREAS PENDIENTES

- ☐
- ☐
- ☐
- ☐
- ☐
- ☐
- ☐
- ☐
- ☐
- ☐

NO OLVIDAR...

Desayuno | Comida | Cena

Mi día

FECHA

HORARIO

HORA	TAREAS

PRIORIDADES DEL DÍA

NOTAS

TAREAS PENDIENTES

- ☐
- ☐
- ☐
- ☐
- ☐
- ☐
- ☐
- ☐
- ☐
- ☐

NO OLVIDAR...

Desayuno   Comida   Cena

Mi día

FECHA

HORARIO

HORA	ACTIVIDAD

PRIORIDADES DEL DÍA

NOTAS

TAREAS PENDIENTES

- ☐
- ☐
- ☐
- ☐
- ☐
- ☐
- ☐
- ☐
- ☐
- ☐

NO OLVIDAR...

Desayuno | Comida | Cena

Mi día

FECHA

HORARIO

HORA	TAREAS

PRIORIDADES DEL DÍA

NOTAS

TAREAS PENDIENTES

- ☐
- ☐
- ☐
- ☐
- ☐
- ☐
- ☐
- ☐
- ☐
- ☐

NO OLVIDAR...

Desayuno — Comida — Cena

Mi día

FECHA

HORARIO

HORA	ACTIVIDAD

PRIORIDADES DEL DÍA

NOTAS

TAREAS PENDIENTES

- ☐
- ☐
- ☐
- ☐
- ☐
- ☐
- ☐
- ☐
- ☐
- ☐

NO OLVIDAR...

Desayuno | Comida | Cena

Mi día

FECHA

HORARIO

HORA	TAREAS

PRIORIDADES DEL DÍA

NOTAS

TAREAS PENDIENTES

- ☐
- ☐
- ☐
- ☐
- ☐
- ☐
- ☐
- ☐
- ☐
- ☐

NO OLVIDAR...

Desayuno   Comida   Cena

Mi día

FECHA

HORARIO

HORA	ACTIVIDAD

PRIORIDADES DEL DÍA

NOTAS

TAREAS PENDIENTES

- ☐
- ☐
- ☐
- ☐
- ☐
- ☐
- ☐
- ☐
- ☐
- ☐

NO OLVIDAR...

Desayuno   Comida   Cena

Mi día

FECHA

HORARIO

HORA	TAREAS

PRIORIDADES DEL DÍA

NOTAS

TAREAS PENDIENTES

- ☐
- ☐
- ☐
- ☐
- ☐
- ☐
- ☐
- ☐
- ☐
- ☐

NO OLVIDAR...

Desayuno   Comida   Cena

Mi día

FECHA

HORARIO

HORA	ACTIVIDAD

PRIORIDADES DEL DÍA

NOTAS

TAREAS PENDIENTES

- [ ]
- [ ]
- [ ]
- [ ]
- [ ]
- [ ]
- [ ]
- [ ]
- [ ]
- [ ]

NO OLVIDAR...

Desayuno — Comida — Cena

Mi día

FECHA

HORARIO

HORA	TAREAS

PRIORIDADES DEL DÍA ⚠

NOTAS

TAREAS PENDIENTES

- ☐
- ☐
- ☐
- ☐
- ☐
- ☐
- ☐
- ☐
- ☐
- ☐

NO OLVIDAR...

Desayuno | Comida | Cena

Mi día

FECHA

HORARIO

HORA	ACTIVIDAD

PRIORIDADES DEL DÍA

NOTAS

TAREAS PENDIENTES

- ☐
- ☐
- ☐
- ☐
- ☐
- ☐
- ☐
- ☐
- ☐
- ☐

NO OLVIDAR...

Desayuno

Comida

Cena

Mi día

FECHA

PRIORIDADES DEL DÍA

HORARIO

HORA	TAREAS

NOTAS

TAREAS PENDIENTES

- ☐
- ☐
- ☐
- ☐
- ☐
- ☐
- ☐
- ☐
- ☐
- ☐

NO OLVIDAR...

Desayuno

Comida

Cena

Mi día

FECHA

HORARIO

HORA	ACTIVIDAD

PRIORIDADES DEL DÍA

NOTAS

TAREAS PENDIENTES

- ☐
- ☐
- ☐
- ☐
- ☐
- ☐
- ☐
- ☐
- ☐
- ☐

NO OLVIDAR...

Desayuno · Comida · Cena

Mi día

FECHA

HORARIO

HORA	TAREAS

PRIORIDADES DEL DÍA

NOTAS

TAREAS PENDIENTES

- ☐
- ☐
- ☐
- ☐
- ☐
- ☐
- ☐
- ☐
- ☐
- ☐

NO OLVIDAR…

Desayuno Comida Cena

Mi día

FECHA

HORARIO

HORA	ACTIVIDAD

PRIORIDADES DEL DÍA

NOTAS

TAREAS PENDIENTES

- [ ]
- [ ]
- [ ]
- [ ]
- [ ]
- [ ]
- [ ]
- [ ]
- [ ]
- [ ]

NO OLVIDAR...

Desayuno   Comida   Cena

Mi día

FECHA

PRIORIDADES DEL DÍA

HORARIO

HORA	TAREAS

NOTAS

TAREAS PENDIENTES

- ☐
- ☐
- ☐
- ☐
- ☐
- ☐
- ☐
- ☐
- ☐
- ☐

NO OLVIDAR...

Desayuno Comida Cena

Mi día

FECHA

HORARIO

HORA	ACTIVIDAD

PRIORIDADES DEL DÍA

NOTAS

TAREAS PENDIENTES

- ☐
- ☐
- ☐
- ☐
- ☐
- ☐
- ☐
- ☐
- ☐
- ☐

NO OLVIDAR...

Desayuno   Comida   Cena

Mi día

FECHA

HORARIO

HORA	TAREAS

PRIORIDADES DEL DÍA

NOTAS

TAREAS PENDIENTES
- ☐
- ☐
- ☐
- ☐
- ☐
- ☐
- ☐
- ☐
- ☐
- ☐

NO OLVIDAR...

Desayuno Comida Cena

Mi día

FECHA

HORARIO

HORA	ACTIVIDAD

PRIORIDADES DEL DÍA

NOTAS

TAREAS PENDIENTES

- ☐
- ☐
- ☐
- ☐
- ☐
- ☐
- ☐
- ☐
- ☐
- ☐

NO OLVIDAR...

Desayuno   Comida   Cena

Mi día

FECHA

PRIORIDADES DEL DÍA

HORARIO

HORA	TAREAS

NOTAS

TAREAS PENDIENTES

- ☐
- ☐
- ☐
- ☐
- ☐
- ☐
- ☐
- ☐
- ☐
- ☐

NO OLVIDAR...

Desayuno   Comida   Cena

Mi día

FECHA

HORARIO

HORA	ACTIVIDAD

PRIORIDADES DEL DÍA

NOTAS

TAREAS PENDIENTES

- ☐
- ☐
- ☐
- ☐
- ☐
- ☐
- ☐
- ☐
- ☐
- ☐

NO OLVIDAR...

Desayuno | Comida | Cena

Mi día

FECHA

HORARIO

HORA	TAREAS

PRIORIDADES DEL DÍA

NOTAS

TAREAS PENDIENTES

- ☐
- ☐
- ☐
- ☐
- ☐
- ☐
- ☐
- ☐
- ☐
- ☐

NO OLVIDAR...

Desayuno   Comida   Cena

Mi día

FECHA

HORARIO

HORA	ACTIVIDAD

PRIORIDADES DEL DÍA

NOTAS

TAREAS PENDIENTES

- ☐
- ☐
- ☐
- ☐
- ☐
- ☐
- ☐
- ☐
- ☐
- ☐

NO OLVIDAR...

Desayuno   Comida   Cena

Mi día

FECHA

HORARIO

HORA	TAREAS

PRIORIDADES DEL DÍA

NOTAS

TAREAS PENDIENTES

- ☐
- ☐
- ☐
- ☐
- ☐
- ☐
- ☐
- ☐
- ☐
- ☐

NO OLVIDAR...

Desayuno   Comida   Cena

Mi día

FECHA

PRIORIDADES DEL DÍA

HORARIO

HORA	ACTIVIDAD

NOTAS

TAREAS PENDIENTES

- ☐
- ☐
- ☐
- ☐
- ☐
- ☐
- ☐
- ☐
- ☐
- ☐

NO OLVIDAR...

Desayuno | Comida | Cena

Mi día

FECHA

HORARIO

HORA	TAREAS

PRIORIDADES DEL DÍA

NOTAS

TAREAS PENDIENTES

- ☐
- ☐
- ☐
- ☐
- ☐
- ☐
- ☐
- ☐
- ☐
- ☐

NO OLVIDAR...

Desayuno Comida Cena

Mi día

FECHA

HORARIO

HORA	ACTIVIDAD

PRIORIDADES DEL DÍA

NOTAS

TAREAS PENDIENTES

- ☐
- ☐
- ☐
- ☐
- ☐
- ☐
- ☐
- ☐
- ☐
- ☐

NO OLVIDAR...

Desayuno | Comida | Cena

Mi día

FECHA

HORARIO

HORA	TAREAS

PRIORIDADES DEL DÍA

NOTAS

TAREAS PENDIENTES

- [ ]
- [ ]
- [ ]
- [ ]
- [ ]
- [ ]
- [ ]
- [ ]
- [ ]
- [ ]

NO OLVIDAR...

Desayuno   Comida   Cena

Mi día

FECHA

HORARIO

HORA	ACTIVIDAD

PRIORIDADES DEL DÍA

NOTAS

TAREAS PENDIENTES

- ☐
- ☐
- ☐
- ☐
- ☐
- ☐
- ☐
- ☐
- ☐
- ☐

NO OLVIDAR...

Desayuno Comida Cena

Mi día

FECHA

HORARIO

HORA	TAREAS

PRIORIDADES DEL DÍA

NOTAS

TAREAS PENDIENTES

- ☐
- ☐
- ☐
- ☐
- ☐
- ☐
- ☐
- ☐
- ☐
- ☐

NO OLVIDAR...

Desayuno Comida Cena

Mi día

FECHA

HORARIO

HORA	ACTIVIDAD

PRIORIDADES DEL DÍA

NOTAS

TAREAS PENDIENTES

- ☐
- ☐
- ☐
- ☐
- ☐
- ☐
- ☐
- ☐
- ☐
- ☐

NO OLVIDAR...

Desayuno Comida Cena

Mi día

FECHA

HORARIO

HORA	TAREAS

PRIORIDADES DEL DÍA

NOTAS

TAREAS PENDIENTES

- [ ]
- [ ]
- [ ]
- [ ]
- [ ]
- [ ]
- [ ]
- [ ]
- [ ]
- [ ]

NO OLVIDAR...

Desayuno   Comida   Cena

Mi día

FECHA

HORARIO

HORA	ACTIVIDAD

PRIORIDADES DEL DÍA

NOTAS

TAREAS PENDIENTES

- ☐
- ☐
- ☐
- ☐
- ☐
- ☐
- ☐
- ☐
- ☐
- ☐

NO OLVIDAR...

Desayuno　　Comida　　Cena

Mi día

FECHA

HORARIO

HORA	TAREAS

PRIORIDADES DEL DÍA

NOTAS

TAREAS PENDIENTES

- ☐
- ☐
- ☐
- ☐
- ☐
- ☐
- ☐
- ☐
- ☐
- ☐

NO OLVIDAR...

Desayuno | Comida | Cena

Mi día

FECHA

HORARIO

HORA	ACTIVIDAD

PRIORIDADES DEL DÍA

NOTAS

TAREAS PENDIENTES

- ☐
- ☐
- ☐
- ☐
- ☐
- ☐
- ☐
- ☐
- ☐
- ☐

NO OLVIDAR...

Desayuno | Comida | Cena

Mi día

FECHA

HORARIO

HORA	TAREAS

PRIORIDADES DEL DÍA

NOTAS

TAREAS PENDIENTES

- ☐
- ☐
- ☐
- ☐
- ☐
- ☐
- ☐
- ☐
- ☐
- ☐

NO OLVIDAR...

Desayuno | Comida | Cena

Mi día

FECHA

PRIORIDADES DEL DÍA

HORARIO

HORA	ACTIVIDAD

NOTAS

TAREAS PENDIENTES

- ☐
- ☐
- ☐
- ☐
- ☐
- ☐
- ☐
- ☐
- ☐
- ☐

NO OLVIDAR...

Desayuno   Comida   Cena

Mi día

FECHA

HORARIO

HORA	TAREAS

PRIORIDADES DEL DÍA ⚠

NOTAS

TAREAS PENDIENTES

- ☐
- ☐
- ☐
- ☐
- ☐
- ☐
- ☐
- ☐
- ☐
- ☐

NO OLVIDAR...

Desayuno   Comida   Cena

Mi día

FECHA

HORARIO

HORA	ACTIVIDAD

PRIORIDADES DEL DÍA

NOTAS

TAREAS PENDIENTES

- ☐
- ☐
- ☐
- ☐
- ☐
- ☐
- ☐
- ☐
- ☐
- ☐

NO OLVIDAR...

Desayuno   Comida   Cena

Mi día

FECHA

HORARIO

HORA	TAREAS

PRIORIDADES DEL DÍA

NOTAS

TAREAS PENDIENTES

- ☐
- ☐
- ☐
- ☐
- ☐
- ☐
- ☐
- ☐
- ☐
- ☐

NO OLVIDAR...

Desayuno Comida Cena

Mi día

FECHA

HORARIO

HORA	ACTIVIDAD

PRIORIDADES DEL DÍA

NOTAS

TAREAS PENDIENTES

- ☐
- ☐
- ☐
- ☐
- ☐
- ☐
- ☐
- ☐
- ☐
- ☐

NO OLVIDAR...

Desayuno | Comida | Cena

Mi día

FECHA

HORARIO

HORA	TAREAS

PRIORIDADES DEL DÍA ⚠

NOTAS

TAREAS PENDIENTES

- ☐
- ☐
- ☐
- ☐
- ☐
- ☐
- ☐
- ☐
- ☐
- ☐

NO OLVIDAR...

Desayuno   Comida   Cena

Mi día

FECHA

HORARIO

HORA	ACTIVIDAD

PRIORIDADES DEL DÍA

NOTAS

TAREAS PENDIENTES

- ☐
- ☐
- ☐
- ☐
- ☐
- ☐
- ☐
- ☐
- ☐
- ☐

NO OLVIDAR...

Desayuno Comida Cena

Mi día

FECHA

HORARIO

HORA	TAREAS

PRIORIDADES DEL DÍA

NOTAS

TAREAS PENDIENTES

- ☐
- ☐
- ☐
- ☐
- ☐
- ☐
- ☐
- ☐
- ☐
- ☐

NO OLVIDAR...

Desayuno — Comida — Cena

Mi día

FECHA

HORARIO

HORA	ACTIVIDAD

PRIORIDADES DEL DÍA

NOTAS

TAREAS PENDIENTES

- [ ]
- [ ]
- [ ]
- [ ]
- [ ]
- [ ]
- [ ]
- [ ]
- [ ]
- [ ]

NO OLVIDAR...

Desayuno

Comida

Cena

Mi día

FECHA

HORARIO

HORA	TAREAS

PRIORIDADES DEL DÍA !

NOTAS

TAREAS PENDIENTES

- ☐
- ☐
- ☐
- ☐
- ☐
- ☐
- ☐
- ☐
- ☐
- ☐

NO OLVIDAR...

Desayuno Comida Cena

Mi día

FECHA

HORARIO

HORA	ACTIVIDAD

PRIORIDADES DEL DÍA

NOTAS

TAREAS PENDIENTES

- ☐
- ☐
- ☐
- ☐
- ☐
- ☐
- ☐
- ☐
- ☐
- ☐

NO OLVIDAR...

Desayuno | Comida | Cena

Mi día

FECHA _____

HORARIO

HORA	TAREAS

PRIORIDADES DEL DÍA

NOTAS

TAREAS PENDIENTES

- ☐
- ☐
- ☐
- ☐
- ☐
- ☐
- ☐
- ☐
- ☐
- ☐

NO OLVIDAR...

Desayuno | Comida | Cena

Mi día

FECHA

HORARIO

HORA	ACTIVIDAD

PRIORIDADES DEL DÍA

NOTAS

TAREAS PENDIENTES

- ☐
- ☐
- ☐
- ☐
- ☐
- ☐
- ☐
- ☐
- ☐
- ☐

NO OLVIDAR...

Desayuno   Comida   Cena

Mi día

FECHA

HORARIO

HORA	TAREAS

PRIORIDADES DEL DÍA

NOTAS

TAREAS PENDIENTES

- ☐
- ☐
- ☐
- ☐
- ☐
- ☐
- ☐
- ☐
- ☐
- ☐

NO OLVIDAR...

Desayuno　Comida　Cena

Mi día

FECHA

HORARIO

HORA	ACTIVIDAD

PRIORIDADES DEL DÍA

NOTAS

TAREAS PENDIENTES

- ☐
- ☐
- ☐
- ☐
- ☐
- ☐
- ☐
- ☐
- ☐
- ☐

NO OLVIDAR...

Desayuno · Comida · Cena

Mi día

FECHA

HORARIO

HORA	TAREAS

PRIORIDADES DEL DÍA ⚠

NOTAS

TAREAS PENDIENTES
- ☐
- ☐
- ☐
- ☐
- ☐
- ☐
- ☐
- ☐
- ☐
- ☐

NO OLVIDAR...

Desayuno   Comida   Cena

Mi día

FECHA

HORARIO

HORA	ACTIVIDAD

PRIORIDADES DEL DÍA

NOTAS

TAREAS PENDIENTES

- ☐
- ☐
- ☐
- ☐
- ☐
- ☐
- ☐
- ☐
- ☐
- ☐

NO OLVIDAR...

Desayuno Comida Cena

Mi día

FECHA

PRIORIDADES DEL DÍA

HORARIO

HORA	TAREAS

NOTAS

TAREAS PENDIENTES

- ☐
- ☐
- ☐
- ☐
- ☐
- ☐
- ☐
- ☐
- ☐
- ☐

NO OLVIDAR...

Desayuno — Comida — Cena

Mi día

FECHA

HORARIO

HORA	ACTIVIDAD

PRIORIDADES DEL DÍA

NOTAS

TAREAS PENDIENTES

- [ ]
- [ ]
- [ ]
- [ ]
- [ ]
- [ ]
- [ ]
- [ ]
- [ ]
- [ ]

NO OLVIDAR...

Desayuno | Comida | Cena

Mi día

FECHA

HORARIO

HORA	TAREAS

PRIORIDADES DEL DÍA

NOTAS

TAREAS PENDIENTES

- ☐
- ☐
- ☐
- ☐
- ☐
- ☐
- ☐
- ☐
- ☐
- ☐

NO OLVIDAR...

Desayuno   Comida   Cena

Mi día

FECHA

HORARIO

HORA	ACTIVIDAD

PRIORIDADES DEL DÍA

NOTAS

TAREAS PENDIENTES

- ☐
- ☐
- ☐
- ☐
- ☐
- ☐
- ☐
- ☐
- ☐
- ☐

NO OLVIDAR...

Desayuno Comida Cena

Mi día

FECHA

HORARIO

HORA	TAREAS

PRIORIDADES DEL DÍA

NOTAS

TAREAS PENDIENTES
- ☐
- ☐
- ☐
- ☐
- ☐
- ☐
- ☐
- ☐
- ☐
- ☐

NO OLVIDAR...

Desayuno Comida Cena

Mi día

FECHA

HORARIO

HORA	ACTIVIDAD

PRIORIDADES DEL DÍA

NOTAS

TAREAS PENDIENTES

- ☐
- ☐
- ☐
- ☐
- ☐
- ☐
- ☐
- ☐
- ☐
- ☐

NO OLVIDAR...

Desayuno Comida Cena

Mi día

FECHA

HORARIO

HORA	TAREAS

PRIORIDADES DEL DÍA

NOTAS

TAREAS PENDIENTES

- [ ]
- [ ]
- [ ]
- [ ]
- [ ]
- [ ]
- [ ]
- [ ]
- [ ]
- [ ]

NO OLVIDAR...

Desayuno | Comida | Cena

Mi día

FECHA

HORARIO

HORA	ACTIVIDAD

PRIORIDADES DEL DÍA

NOTAS

TAREAS PENDIENTES

- ☐
- ☐
- ☐
- ☐
- ☐
- ☐
- ☐
- ☐
- ☐
- ☐

NO OLVIDAR...

Desayuno — Comida — Cena

Mi día

FECHA

HORARIO

HORA	TAREAS

PRIORIDADES DEL DÍA

NOTAS

TAREAS PENDIENTES

- ☐
- ☐
- ☐
- ☐
- ☐
- ☐
- ☐
- ☐
- ☐
- ☐

NO OLVIDAR...

Desayuno Comida Cena

Mi día

FECHA

HORARIO

HORA	ACTIVIDAD

PRIORIDADES DEL DÍA

NOTAS

TAREAS PENDIENTES

- [ ]
- [ ]
- [ ]
- [ ]
- [ ]
- [ ]
- [ ]
- [ ]
- [ ]
- [ ]

NO OLVIDAR...

Desayuno Comida Cena

Mi día

FECHA

HORARIO

HORA	TAREAS

PRIORIDADES DEL DÍA

NOTAS

TAREAS PENDIENTES

- ☐
- ☐
- ☐
- ☐
- ☐
- ☐
- ☐
- ☐
- ☐
- ☐

NO OLVIDAR...

Desayuno Comida Cena

Mi día

FECHA

HORARIO

HORA	ACTIVIDAD

PRIORIDADES DEL DÍA

NOTAS

TAREAS PENDIENTES

- ☐
- ☐
- ☐
- ☐
- ☐
- ☐
- ☐
- ☐
- ☐
- ☐

NO OLVIDAR...

Desayuno Comida Cena

Mi día

FECHA

HORARIO

HORA	TAREAS

PRIORIDADES DEL DÍA

NOTAS

TAREAS PENDIENTES

- ☐
- ☐
- ☐
- ☐
- ☐
- ☐
- ☐
- ☐
- ☐
- ☐

NO OLVIDAR...

Desayuno   Comida   Cena

Mi día

FECHA

HORARIO

HORA	ACTIVIDAD

PRIORIDADES DEL DÍA

NOTAS

TAREAS PENDIENTES

- ☐
- ☐
- ☐
- ☐
- ☐
- ☐
- ☐
- ☐
- ☐
- ☐

NO OLVIDAR...

Desayuno   Comida   Cena

Mi día

FECHA

HORARIO

HORA	TAREAS

PRIORIDADES DEL DÍA

NOTAS

TAREAS PENDIENTES

- ☐
- ☐
- ☐
- ☐
- ☐
- ☐
- ☐
- ☐
- ☐
- ☐

NO OLVIDAR...

Desayuno   Comida   Cena

Mi día

FECHA

HORARIO

HORA	ACTIVIDAD

PRIORIDADES DEL DÍA

NOTAS

TAREAS PENDIENTES

- [ ]
- [ ]
- [ ]
- [ ]
- [ ]
- [ ]
- [ ]
- [ ]
- [ ]
- [ ]

NO OLVIDAR...

Desayuno | Comida | Cena

Mi día

FECHA

HORARIO

HORA	TAREAS

PRIORIDADES DEL DÍA ⚠

NOTAS 💡

TAREAS PENDIENTES

- ☐
- ☐
- ☐
- ☐
- ☐
- ☐
- ☐
- ☐
- ☐
- ☐

NO OLVIDAR...

Desayuno | Comida | Cena

Mi día

FECHA

HORARIO

HORA	ACTIVIDAD

PRIORIDADES DEL DÍA

NOTAS

TAREAS PENDIENTES

- ☐
- ☐
- ☐
- ☐
- ☐
- ☐
- ☐
- ☐
- ☐
- ☐

NO OLVIDAR...

Desayuno | Comida | Cena

Mi día

FECHA

HORARIO

HORA	TAREAS

PRIORIDADES DEL DÍA

NOTAS

TAREAS PENDIENTES

- ☐
- ☐
- ☐
- ☐
- ☐
- ☐
- ☐
- ☐
- ☐
- ☐

NO OLVIDAR...

Desayuno Comida Cena

Mi día

FECHA

PRIORIDADES DEL DÍA

HORARIO

HORA	ACTIVIDAD

NOTAS

TAREAS PENDIENTES

- ☐
- ☐
- ☐
- ☐
- ☐
- ☐
- ☐
- ☐
- ☐
- ☐

NO OLVIDAR...

Desayuno Comida Cena

Mi día

FECHA

HORARIO

HORA	TAREAS

PRIORIDADES DEL DÍA

NOTAS

TAREAS PENDIENTES

- ☐
- ☐
- ☐
- ☐
- ☐
- ☐
- ☐
- ☐
- ☐
- ☐

NO OLVIDAR...

Desayuno   Comida   Cena

Mi día

FECHA

HORARIO

HORA	ACTIVIDAD

PRIORIDADES DEL DÍA

NOTAS

TAREAS PENDIENTES

- ☐
- ☐
- ☐
- ☐
- ☐
- ☐
- ☐
- ☐
- ☐
- ☐

NO OLVIDAR...

Desayuno Comida Cena

Mi día

FECHA

HORARIO

HORA	TAREAS

PRIORIDADES DEL DÍA

NOTAS

TAREAS PENDIENTES

- ☐
- ☐
- ☐
- ☐
- ☐
- ☐
- ☐
- ☐
- ☐
- ☐

NO OLVIDAR...

Desayuno Comida Cena

Mi día

FECHA

HORARIO

HORA	ACTIVIDAD

PRIORIDADES DEL DÍA

NOTAS

TAREAS PENDIENTES

- ☐
- ☐
- ☐
- ☐
- ☐
- ☐
- ☐
- ☐
- ☐
- ☐

NO OLVIDAR...

Desayuno Comida Cena

Mi día

FECHA

HORARIO

HORA	TAREAS

PRIORIDADES DEL DÍA

NOTAS

TAREAS PENDIENTES

- ☐
- ☐
- ☐
- ☐
- ☐
- ☐
- ☐
- ☐
- ☐
- ☐

NO OLVIDAR...

Desayuno — Comida — Cena

Mi día

FECHA

HORARIO

HORA	ACTIVIDAD

PRIORIDADES DEL DÍA

NOTAS

TAREAS PENDIENTES

- ☐
- ☐
- ☐
- ☐
- ☐
- ☐
- ☐
- ☐
- ☐
- ☐

NO OLVIDAR...

Desayuno | Comida | Cena

Mi día

FECHA

HORARIO

PRIORIDADES DEL DÍA

HORA	TAREAS

NOTAS

TAREAS PENDIENTES

- ☐
- ☐
- ☐
- ☐
- ☐
- ☐
- ☐
- ☐
- ☐
- ☐

NO OLVIDAR...

Desayuno　　Comida　　Cena

Mi día

FECHA

HORARIO

HORA	ACTIVIDAD

PRIORIDADES DEL DÍA

NOTAS

TAREAS PENDIENTES

- [ ]
- [ ]
- [ ]
- [ ]
- [ ]
- [ ]
- [ ]
- [ ]
- [ ]
- [ ]

NO OLVIDAR...

Desayuno   Comida   Cena

Mi día

FECHA

HORARIO

HORA	TAREAS

PRIORIDADES DEL DÍA !

NOTAS

TAREAS PENDIENTES

- ☐
- ☐
- ☐
- ☐
- ☐
- ☐
- ☐
- ☐
- ☐
- ☐

NO OLVIDAR...

Desayuno　Comida　Cena

Mi día

FECHA

HORARIO

HORA	ACTIVIDAD

PRIORIDADES DEL DÍA

NOTAS

TAREAS PENDIENTES

- ☐
- ☐
- ☐
- ☐
- ☐
- ☐
- ☐
- ☐
- ☐
- ☐

NO OLVIDAR...

Desayuno | Comida | Cena

Mi día

FECHA

HORARIO

HORA	TAREAS

PRIORIDADES DEL DÍA

NOTAS

TAREAS PENDIENTES

- ☐
- ☐
- ☐
- ☐
- ☐
- ☐
- ☐
- ☐
- ☐
- ☐

NO OLVIDAR...

Desayuno Comida Cena

Mi día

FECHA

HORARIO

HORA	ACTIVIDAD

PRIORIDADES DEL DÍA

NOTAS

TAREAS PENDIENTES

- ☐
- ☐
- ☐
- ☐
- ☐
- ☐
- ☐
- ☐
- ☐
- ☐

NO OLVIDAR...

Desayuno | Comida | Cena

Mi día

FECHA

HORARIO

HORA	TAREAS

PRIORIDADES DEL DÍA

NOTAS

TAREAS PENDIENTES

- ☐
- ☐
- ☐
- ☐
- ☐
- ☐
- ☐
- ☐
- ☐
- ☐

NO OLVIDAR...

Desayuno — Comida — Cena

Mi día

FECHA

HORARIO

HORA	ACTIVIDAD

PRIORIDADES DEL DÍA

NOTAS

TAREAS PENDIENTES

- [ ]
- [ ]
- [ ]
- [ ]
- [ ]
- [ ]
- [ ]
- [ ]
- [ ]
- [ ]

NO OLVIDAR...

Desayuno — Comida — Cena

Mi día

FECHA

PRIORIDADES DEL DÍA

HORARIO

HORA	TAREAS

NOTAS

TAREAS PENDIENTES

- ☐
- ☐
- ☐
- ☐
- ☐
- ☐
- ☐
- ☐
- ☐
- ☐

NO OLVIDAR...

Desayuno   Comida   Cena

Mi día

FECHA

HORARIO

HORA	ACTIVIDAD

PRIORIDADES DEL DÍA

NOTAS

TAREAS PENDIENTES

- ☐
- ☐
- ☐
- ☐
- ☐
- ☐
- ☐
- ☐
- ☐
- ☐

NO OLVIDAR...

Desayuno   Comida   Cena

Mi día

FECHA

HORARIO

HORA	TAREAS

PRIORIDADES DEL DÍA

NOTAS

TAREAS PENDIENTES

- ☐
- ☐
- ☐
- ☐
- ☐
- ☐
- ☐
- ☐
- ☐
- ☐

NO OLVIDAR...

Desayuno | Comida | Cena

Mi día

FECHA

HORARIO

HORA	ACTIVIDAD

PRIORIDADES DEL DÍA

NOTAS

TAREAS PENDIENTES

- [ ]
- [ ]
- [ ]
- [ ]
- [ ]
- [ ]
- [ ]
- [ ]
- [ ]
- [ ]

NO OLVIDAR...

Desayuno Comida Cena

Mi día

FECHA

HORARIO

HORA	TAREAS

PRIORIDADES DEL DÍA

NOTAS

TAREAS PENDIENTES

- ☐
- ☐
- ☐
- ☐
- ☐
- ☐
- ☐
- ☐
- ☐
- ☐

NO OLVIDAR...

Desayuno Comida Cena

Mi día

FECHA

HORARIO

HORA	ACTIVIDAD

PRIORIDADES DEL DÍA

NOTAS

TAREAS PENDIENTES

- ☐
- ☐
- ☐
- ☐
- ☐
- ☐
- ☐
- ☐
- ☐
- ☐

NO OLVIDAR...

Desayuno | Comida | Cena

Mi día

FECHA

PRIORIDADES DEL DÍA

HORARIO

HORA	TAREAS

NOTAS

TAREAS PENDIENTES

- ☐
- ☐
- ☐
- ☐
- ☐
- ☐
- ☐
- ☐
- ☐
- ☐

NO OLVIDAR...

Desayuno   Comida   Cena

Mi día

FECHA

HORARIO

HORA	ACTIVIDAD

PRIORIDADES DEL DÍA

NOTAS

TAREAS PENDIENTES

- [ ]
- [ ]
- [ ]
- [ ]
- [ ]
- [ ]
- [ ]
- [ ]
- [ ]
- [ ]

NO OLVIDAR...

Desayuno Comida Cena

Mi día

FECHA

HORARIO

HORA	TAREAS

PRIORIDADES DEL DÍA

NOTAS

TAREAS PENDIENTES

- ☐
- ☐
- ☐
- ☐
- ☐
- ☐
- ☐
- ☐
- ☐
- ☐

NO OLVIDAR...

Desayuno   Comida   Cena

Mi día

FECHA

HORARIO

HORA	ACTIVIDAD

PRIORIDADES DEL DÍA

NOTAS

TAREAS PENDIENTES

- ☐
- ☐
- ☐
- ☐
- ☐
- ☐
- ☐
- ☐
- ☐
- ☐

NO OLVIDAR...

Desayuno — Comida — Cena

Mi día

FECHA

HORARIO

PRIORIDADES DEL DÍA

HORA	TAREAS

NOTAS

TAREAS PENDIENTES

- ☐
- ☐
- ☐
- ☐
- ☐
- ☐
- ☐
- ☐
- ☐
- ☐

NO OLVIDAR...

Desayuno   Comida   Cena

Mi día

FECHA

HORARIO

HORA	ACTIVIDAD

PRIORIDADES DEL DÍA

NOTAS

TAREAS PENDIENTES

- [ ]
- [ ]
- [ ]
- [ ]
- [ ]
- [ ]
- [ ]
- [ ]
- [ ]
- [ ]

NO OLVIDAR...

Desayuno Comida Cena

Mi día

FECHA

HORARIO

HORA	TAREAS

PRIORIDADES DEL DÍA

NOTAS

TAREAS PENDIENTES

- ☐
- ☐
- ☐
- ☐
- ☐
- ☐
- ☐
- ☐
- ☐
- ☐

NO OLVIDAR...

Desayuno — Comida — Cena

Mi día

FECHA

HORARIO

HORA	ACTIVIDAD

PRIORIDADES DEL DÍA

NOTAS

TAREAS PENDIENTES

- ☐
- ☐
- ☐
- ☐
- ☐
- ☐
- ☐
- ☐
- ☐
- ☐

NO OLVIDAR...

Desayuno · Comida · Cena

Mi día

FECHA

HORARIO

HORA	TAREAS

PRIORIDADES DEL DÍA

NOTAS

TAREAS PENDIENTES

- ☐
- ☐
- ☐
- ☐
- ☐
- ☐
- ☐
- ☐
- ☐
- ☐

NO OLVIDAR...

Desayuno   Comida   Cena

Mi día

FECHA

HORARIO

HORA	ACTIVIDAD

PRIORIDADES DEL DÍA

NOTAS

TAREAS PENDIENTES

- ☐
- ☐
- ☐
- ☐
- ☐
- ☐
- ☐
- ☐
- ☐
- ☐

NO OLVIDAR...

Desayuno | Comida | Cena

Mi día

FECHA

HORARIO

HORA	TAREAS

PRIORIDADES DEL DÍA

NOTAS

TAREAS PENDIENTES

- ☐
- ☐
- ☐
- ☐
- ☐
- ☐
- ☐
- ☐
- ☐
- ☐

NO OLVIDAR...

Desayuno   Comida   Cena

Mi día

FECHA

HORARIO

HORA	ACTIVIDAD

PRIORIDADES DEL DÍA

NOTAS

TAREAS PENDIENTES

- [ ]
- [ ]
- [ ]
- [ ]
- [ ]
- [ ]
- [ ]
- [ ]
- [ ]
- [ ]

NO OLVIDAR...

Desayuno | Comida | Cena

Mi día

FECHA

HORARIO

HORA	TAREAS

PRIORIDADES DEL DÍA

NOTAS

TAREAS PENDIENTES

- ☐
- ☐
- ☐
- ☐
- ☐
- ☐
- ☐
- ☐
- ☐
- ☐

NO OLVIDAR...

Desayuno Comida Cena

Mi día

FECHA

HORARIO

HORA	ACTIVIDAD

PRIORIDADES DEL DÍA

NOTAS

TAREAS PENDIENTES

- ☐
- ☐
- ☐
- ☐
- ☐
- ☐
- ☐
- ☐
- ☐
- ☐

NO OLVIDAR...

Desayuno

Comida

Cena

Mi día

FECHA

HORARIO

HORA	TAREAS

PRIORIDADES DEL DÍA

NOTAS

TAREAS PENDIENTES

- ☐
- ☐
- ☐
- ☐
- ☐
- ☐
- ☐
- ☐
- ☐
- ☐

NO OLVIDAR...

Desayuno | Comida | Cena

Mi día

FECHA

HORARIO

HORA	ACTIVIDAD

PRIORIDADES DEL DÍA

NOTAS

TAREAS PENDIENTES

- [ ]
- [ ]
- [ ]
- [ ]
- [ ]
- [ ]
- [ ]
- [ ]
- [ ]
- [ ]

NO OLVIDAR...

Desayuno   Comida   Cena

Mi día

FECHA

HORARIO

HORA	TAREAS

PRIORIDADES DEL DÍA

NOTAS

TAREAS PENDIENTES

- ☐
- ☐
- ☐
- ☐
- ☐
- ☐
- ☐
- ☐
- ☐
- ☐

NO OLVIDAR...

Desayuno   Comida   Cena

Mi día

FECHA

HORARIO

HORA	ACTIVIDAD

PRIORIDADES DEL DÍA

NOTAS

TAREAS PENDIENTES

- ☐
- ☐
- ☐
- ☐
- ☐
- ☐
- ☐
- ☐
- ☐
- ☐

NO OLVIDAR...

Desayuno | Comida | Cena

Mi día

FECHA

HORARIO

HORA	TAREAS

PRIORIDADES DEL DÍA ⚠️

NOTAS

TAREAS PENDIENTES
- ☐
- ☐
- ☐
- ☐
- ☐
- ☐
- ☐
- ☐
- ☐
- ☐

NO OLVIDAR...

Desayuno | Comida | Cena

Mi día

FECHA

HORARIO

HORA	ACTIVIDAD

PRIORIDADES DEL DÍA

NOTAS

TAREAS PENDIENTES

- ☐
- ☐
- ☐
- ☐
- ☐
- ☐
- ☐
- ☐
- ☐
- ☐

NO OLVIDAR...

Desayuno   Comida   Cena

Mi día

FECHA

HORARIO

HORA	TAREAS

PRIORIDADES DEL DÍA

NOTAS

TAREAS PENDIENTES

- ☐
- ☐
- ☐
- ☐
- ☐
- ☐
- ☐
- ☐
- ☐
- ☐

NO OLVIDAR...

Desayuno | Comida | Cena

Mi día

FECHA

HORARIO

HORA	ACTIVIDAD

PRIORIDADES DEL DÍA

NOTAS

TAREAS PENDIENTES

- ☐
- ☐
- ☐
- ☐
- ☐
- ☐
- ☐
- ☐
- ☐
- ☐

NO OLVIDAR...

Desayuno | Comida | Cena

Mi día

FECHA

HORARIO

HORA	TAREAS

PRIORIDADES DEL DÍA

NOTAS

TAREAS PENDIENTES

- [ ]
- [ ]
- [ ]
- [ ]
- [ ]
- [ ]
- [ ]
- [ ]
- [ ]
- [ ]

NO OLVIDAR...

Desayuno   Comida   Cena

Mi día

FECHA

HORARIO

HORA	ACTIVIDAD

PRIORIDADES DEL DÍA

NOTAS

TAREAS PENDIENTES

- [ ]
- [ ]
- [ ]
- [ ]
- [ ]
- [ ]
- [ ]
- [ ]
- [ ]
- [ ]

NO OLVIDAR...

Desayuno   Comida   Cena

Mi día

FECHA

HORARIO

HORA	TAREAS

PRIORIDADES DEL DÍA ⚠

NOTAS

TAREAS PENDIENTES

- ☐
- ☐
- ☐
- ☐
- ☐
- ☐
- ☐
- ☐
- ☐
- ☐

NO OLVIDAR...

Desayuno | Comida | Cena

Mi día

FECHA

HORARIO

HORA	ACTIVIDAD

PRIORIDADES DEL DÍA

NOTAS

TAREAS PENDIENTES

- ☐
- ☐
- ☐
- ☐
- ☐
- ☐
- ☐
- ☐
- ☐
- ☐

NO OLVIDAR...

Desayuno   Comida   Cena

Mi día

FECHA

HORARIO

HORA	TAREAS

PRIORIDADES DEL DÍA

NOTAS

TAREAS PENDIENTES

- ☐
- ☐
- ☐
- ☐
- ☐
- ☐
- ☐
- ☐
- ☐
- ☐

NO OLVIDAR...

Desayuno Comida Cena

Mi día

FECHA

HORARIO

HORA	ACTIVIDAD

PRIORIDADES DEL DÍA

NOTAS

TAREAS PENDIENTES

- ☐
- ☐
- ☐
- ☐
- ☐
- ☐
- ☐
- ☐
- ☐
- ☐

NO OLVIDAR...

Desayuno | Comida | Cena

Mi día

FECHA

HORARIO

HORA	TAREAS

PRIORIDADES DEL DÍA

NOTAS

TAREAS PENDIENTES

- ☐
- ☐
- ☐
- ☐
- ☐
- ☐
- ☐
- ☐
- ☐
- ☐

NO OLVIDAR...

Desayuno Comida Cena

Mi día

FECHA

HORARIO

HORA	ACTIVIDAD

PRIORIDADES DEL DÍA

NOTAS

TAREAS PENDIENTES

- ☐
- ☐
- ☐
- ☐
- ☐
- ☐
- ☐
- ☐
- ☐
- ☐

NO OLVIDAR...

Desayuno | Comida | Cena

Mi día

FECHA

HORARIO

HORA	TAREAS

PRIORIDADES DEL DÍA

NOTAS

TAREAS PENDIENTES

- ☐
- ☐
- ☐
- ☐
- ☐
- ☐
- ☐
- ☐
- ☐
- ☐

NO OLVIDAR...

Desayuno Comida Cena

Mi día

FECHA

HORARIO

HORA	ACTIVIDAD

PRIORIDADES DEL DÍA

NOTAS

TAREAS PENDIENTES

- ☐
- ☐
- ☐
- ☐
- ☐
- ☐
- ☐
- ☐
- ☐
- ☐

NO OLVIDAR...

Desayuno Comida Cena

Mi día

FECHA

HORARIO

HORA	TAREAS

PRIORIDADES DEL DÍA

NOTAS

TAREAS PENDIENTES

- ☐
- ☐
- ☐
- ☐
- ☐
- ☐
- ☐
- ☐
- ☐
- ☐

NO OLVIDAR...

Desayuno — Comida — Cena

Mi día

FECHA

HORARIO

HORA	ACTIVIDAD

PRIORIDADES DEL DÍA

NOTAS

TAREAS PENDIENTES

- ☐
- ☐
- ☐
- ☐
- ☐
- ☐
- ☐
- ☐
- ☐
- ☐

NO OLVIDAR...

Desayuno   Comida   Cena

Mi día

FECHA

HORARIO

HORA	TAREAS

PRIORIDADES DEL DÍA

NOTAS

TAREAS PENDIENTES

- ☐
- ☐
- ☐
- ☐
- ☐
- ☐
- ☐
- ☐
- ☐
- ☐

NO OLVIDAR...

Desayuno Comida Cena

Mi día

FECHA

HORARIO

HORA	ACTIVIDAD

PRIORIDADES DEL DÍA

NOTAS

TAREAS PENDIENTES

- ☐
- ☐
- ☐
- ☐
- ☐
- ☐
- ☐
- ☐
- ☐
- ☐

NO OLVIDAR...

Desayuno | Comida | Cena

Mi día

FECHA

HORARIO

HORA	TAREAS

PRIORIDADES DEL DÍA

NOTAS

TAREAS PENDIENTES

- ☐
- ☐
- ☐
- ☐
- ☐
- ☐
- ☐
- ☐
- ☐
- ☐

NO OLVIDAR...

Desayuno   Comida   Cena

Mi día

FECHA

HORARIO

HORA	ACTIVIDAD

PRIORIDADES DEL DÍA

NOTAS

TAREAS PENDIENTES

- ☐
- ☐
- ☐
- ☐
- ☐
- ☐
- ☐
- ☐
- ☐
- ☐

NO OLVIDAR...

Desayuno | Comida | Cena

Mi día

FECHA

HORARIO

HORA	TAREAS

PRIORIDADES DEL DÍA

NOTAS

TAREAS PENDIENTES

- ☐
- ☐
- ☐
- ☐
- ☐
- ☐
- ☐
- ☐
- ☐
- ☐

NO OLVIDAR...

Desayuno | Comida | Cena

Mi día

FECHA

PRIORIDADES DEL DÍA

HORARIO

HORA	ACTIVIDAD

NOTAS

TAREAS PENDIENTES

- ☐
- ☐
- ☐
- ☐
- ☐
- ☐
- ☐
- ☐
- ☐
- ☐

NO OLVIDAR...

Desayuno Comida Cena

Mi día

FECHA

HORARIO

HORA	TAREAS

PRIORIDADES DEL DÍA

NOTAS

TAREAS PENDIENTES

- ☐
- ☐
- ☐
- ☐
- ☐
- ☐
- ☐
- ☐
- ☐
- ☐

NO OLVIDAR...

Desayuno   Comida   Cena

Mi día

FECHA

HORARIO

HORA	ACTIVIDAD

PRIORIDADES DEL DÍA

NOTAS

TAREAS PENDIENTES

- [ ]
- [ ]
- [ ]
- [ ]
- [ ]
- [ ]
- [ ]
- [ ]
- [ ]
- [ ]

NO OLVIDAR...

Desayuno   Comida   Cena

Mi día

FECHA

HORARIO

HORA	TAREAS

PRIORIDADES DEL DÍA

NOTAS

TAREAS PENDIENTES

- [ ]
- [ ]
- [ ]
- [ ]
- [ ]
- [ ]
- [ ]
- [ ]
- [ ]
- [ ]

NO OLVIDAR...

Desayuno   Comida   Cena

Mi día

FECHA

PRIORIDADES DEL DÍA

HORARIO

HORA	ACTIVIDAD

NOTAS

TAREAS PENDIENTES

- ☐
- ☐
- ☐
- ☐
- ☐
- ☐
- ☐
- ☐
- ☐
- ☐

NO OLVIDAR...

Desayuno Comida Cena

Mi día

FECHA

HORARIO

HORA	TAREAS

PRIORIDADES DEL DÍA

NOTAS

TAREAS PENDIENTES

- ☐
- ☐
- ☐
- ☐
- ☐
- ☐
- ☐
- ☐
- ☐
- ☐

NO OLVIDAR...

Desayuno | Comida | Cena

Mi día

FECHA

HORARIO

HORA	ACTIVIDAD

PRIORIDADES DEL DÍA

NOTAS

TAREAS PENDIENTES

- ☐
- ☐
- ☐
- ☐
- ☐
- ☐
- ☐
- ☐
- ☐
- ☐

NO OLVIDAR...

Desayuno   Comida   Cena

Mi día

FECHA

HORARIO

HORA	TAREAS

PRIORIDADES DEL DÍA

NOTAS

TAREAS PENDIENTES

- ☐
- ☐
- ☐
- ☐
- ☐
- ☐
- ☐
- ☐
- ☐
- ☐

NO OLVIDAR...

Desayuno   Comida   Cena

Mi día

FECHA

HORARIO

HORA	ACTIVIDAD

PRIORIDADES DEL DÍA

NOTAS

TAREAS PENDIENTES

- ☐
- ☐
- ☐
- ☐
- ☐
- ☐
- ☐
- ☐
- ☐
- ☐

NO OLVIDAR...

Desayuno   Comida   Cena

Mi día

FECHA

HORARIO

HORA	TAREAS

PRIORIDADES DEL DÍA

NOTAS

TAREAS PENDIENTES

- ☐
- ☐
- ☐
- ☐
- ☐
- ☐
- ☐
- ☐
- ☐
- ☐

NO OLVIDAR...

Desayuno Comida Cena

Mi día

FECHA

HORARIO

HORA	ACTIVIDAD

PRIORIDADES DEL DÍA

NOTAS

TAREAS PENDIENTES

- ☐
- ☐
- ☐
- ☐
- ☐
- ☐
- ☐
- ☐
- ☐
- ☐

NO OLVIDAR...

Desayuno Comida Cena

Mi día

FECHA

HORARIO

HORA	TAREAS

PRIORIDADES DEL DÍA

NOTAS

TAREAS PENDIENTES

- ☐
- ☐
- ☐
- ☐
- ☐
- ☐
- ☐
- ☐
- ☐
- ☐

NO OLVIDAR...

Desayuno | Comida | Cena

Mi día

FECHA

HORARIO

HORA	ACTIVIDAD

PRIORIDADES DEL DÍA

NOTAS

TAREAS PENDIENTES

- [ ]
- [ ]
- [ ]
- [ ]
- [ ]
- [ ]
- [ ]
- [ ]
- [ ]
- [ ]

NO OLVIDAR...

Desayuno | Comida | Cena

Mi día

FECHA _____

HORARIO

HORA	TAREAS

PRIORIDADES DEL DÍA ⚠

💡 NOTAS 💡

TAREAS PENDIENTES

- ☐
- ☐
- ☐
- ☐
- ☐
- ☐
- ☐
- ☐
- ☐
- ☐

NO OLVIDAR...

Desayuno | Comida | Cena

Mi día

FECHA _____

HORARIO

HORA	ACTIVIDAD

PRIORIDADES DEL DÍA

NOTAS

TAREAS PENDIENTES

- [ ]
- [ ]
- [ ]
- [ ]
- [ ]
- [ ]
- [ ]
- [ ]
- [ ]
- [ ]

NO OLVIDAR...

Desayuno Comida Cena

Mi día

FECHA

HORARIO

HORA	TAREAS

PRIORIDADES DEL DÍA

NOTAS

TAREAS PENDIENTES

- [ ]
- [ ]
- [ ]
- [ ]
- [ ]
- [ ]
- [ ]
- [ ]
- [ ]
- [ ]

NO OLVIDAR...

Desayuno   Comida   Cena

Mi día

FECHA

HORARIO

HORA	ACTIVIDAD

PRIORIDADES DEL DÍA

NOTAS

TAREAS PENDIENTES

- ☐
- ☐
- ☐
- ☐
- ☐
- ☐
- ☐
- ☐
- ☐
- ☐

NO OLVIDAR...

Desayuno | Comida | Cena

Mi día

FECHA

HORARIO

HORA	TAREAS

PRIORIDADES DEL DÍA

NOTAS

TAREAS PENDIENTES

- ☐
- ☐
- ☐
- ☐
- ☐
- ☐
- ☐
- ☐
- ☐
- ☐

NO OLVIDAR...

Desayuno   Comida   Cena

Mi día

FECHA

HORARIO

HORA	ACTIVIDAD

PRIORIDADES DEL DÍA

NOTAS

TAREAS PENDIENTES

- [ ]
- [ ]
- [ ]
- [ ]
- [ ]
- [ ]
- [ ]
- [ ]
- [ ]
- [ ]

NO OLVIDAR...

Desayuno Comida Cena

Mi día

FECHA

HORARIO

HORA	TAREAS

PRIORIDADES DEL DÍA

NOTAS

TAREAS PENDIENTES

- ☐
- ☐
- ☐
- ☐
- ☐
- ☐
- ☐
- ☐
- ☐
- ☐

NO OLVIDAR...

Desayuno Comida Cena

Mi día

FECHA _____

_____

HORARIO

HORA	ACTIVIDAD

PRIORIDADES DEL DÍA ⚠

NOTAS

TAREAS PENDIENTES

- ☐
- ☐
- ☐
- ☐
- ☐
- ☐
- ☐
- ☐
- ☐
- ☐

NO OLVIDAR...

Desayuno | Comida | Cena

Mi día

FECHA

HORARIO

HORA	TAREAS

PRIORIDADES DEL DÍA

NOTAS

TAREAS PENDIENTES

- ☐
- ☐
- ☐
- ☐
- ☐
- ☐
- ☐
- ☐
- ☐
- ☐

NO OLVIDAR...

Desayuno · Comida · Cena

Mi día

FECHA

HORARIO

HORA	ACTIVIDAD

PRIORIDADES DEL DÍA

NOTAS

TAREAS PENDIENTES

- ☐
- ☐
- ☐
- ☐
- ☐
- ☐
- ☐
- ☐
- ☐
- ☐

NO OLVIDAR...

Desayuno Comida Cena

Mi día

FECHA

HORARIO

HORA	TAREAS

PRIORIDADES DEL DÍA

NOTAS

TAREAS PENDIENTES

- ☐
- ☐
- ☐
- ☐
- ☐
- ☐
- ☐
- ☐
- ☐
- ☐

NO OLVIDAR…

Desayuno   Comida   Cena

Mi día

FECHA

PRIORIDADES DEL DÍA

HORARIO

HORA	ACTIVIDAD

NOTAS

TAREAS PENDIENTES

- ☐
- ☐
- ☐
- ☐
- ☐
- ☐
- ☐
- ☐
- ☐
- ☐

NO OLVIDAR...

Desayuno Comida Cena

Mi día

FECHA

HORARIO

HORA	TAREAS

PRIORIDADES DEL DÍA

NOTAS

TAREAS PENDIENTES

- ☐
- ☐
- ☐
- ☐
- ☐
- ☐
- ☐
- ☐
- ☐
- ☐

NO OLVIDAR...

Desayuno Comida Cena

Mi día

FECHA

HORARIO

HORA	ACTIVIDAD

PRIORIDADES DEL DÍA

NOTAS

TAREAS PENDIENTES

- ☐
- ☐
- ☐
- ☐
- ☐
- ☐
- ☐
- ☐
- ☐
- ☐

NO OLVIDAR...

Desayuno | Comida | Cena

Mi día

FECHA

PRIORIDADES DEL DÍA

HORARIO

HORA	TAREAS

NOTAS

TAREAS PENDIENTES

- [ ]
- [ ]
- [ ]
- [ ]
- [ ]
- [ ]
- [ ]
- [ ]
- [ ]
- [ ]

NO OLVIDAR...

Desayuno   Comida   Cena

Mi día

FECHA

HORARIO

HORA	ACTIVIDAD

PRIORIDADES DEL DÍA

NOTAS

TAREAS PENDIENTES

- ☐
- ☐
- ☐
- ☐
- ☐
- ☐
- ☐
- ☐
- ☐
- ☐

NO OLVIDAR...

Desayuno   Comida   Cena

Mi día

FECHA

HORARIO

HORA	TAREAS

PRIORIDADES DEL DÍA

NOTAS

TAREAS PENDIENTES

- ☐
- ☐
- ☐
- ☐
- ☐
- ☐
- ☐
- ☐
- ☐
- ☐

NO OLVIDAR...

Desayuno   Comida   Cena

Mi día

FECHA

PRIORIDADES DEL DÍA

HORARIO

HORA	ACTIVIDAD

NOTAS

TAREAS PENDIENTES

- ☐
- ☐
- ☐
- ☐
- ☐
- ☐
- ☐
- ☐
- ☐
- ☐

NO OLVIDAR...

Desayuno   Comida   Cena

Mi día

FECHA

HORARIO

HORA	TAREAS

PRIORIDADES DEL DÍA

NOTAS

TAREAS PENDIENTES

- ☐
- ☐
- ☐
- ☐
- ☐
- ☐
- ☐
- ☐
- ☐
- ☐

NO OLVIDAR...

Desayuno   Comida   Cena

Mi día

FECHA

HORARIO

HORA	ACTIVIDAD

PRIORIDADES DEL DÍA

NOTAS

TAREAS PENDIENTES

- ☐
- ☐
- ☐
- ☐
- ☐
- ☐
- ☐
- ☐
- ☐
- ☐

NO OLVIDAR...

Desayuno | Comida | Cena

Mi día

FECHA

HORARIO

HORA	TAREAS

PRIORIDADES DEL DÍA !

NOTAS

TAREAS PENDIENTES

- ☐
- ☐
- ☐
- ☐
- ☐
- ☐
- ☐
- ☐
- ☐
- ☐

NO OLVIDAR...

Desayuno   Comida   Cena

Mi día

FECHA

HORARIO

HORA	ACTIVIDAD

PRIORIDADES DEL DÍA

NOTAS

TAREAS PENDIENTES

- ☐
- ☐
- ☐
- ☐
- ☐
- ☐
- ☐
- ☐
- ☐
- ☐

NO OLVIDAR...

Desayuno Comida Cena

Mi día

FECHA

HORARIO

HORA	TAREAS

PRIORIDADES DEL DÍA

NOTAS

TAREAS PENDIENTES

- ☐
- ☐
- ☐
- ☐
- ☐
- ☐
- ☐
- ☐
- ☐
- ☐

NO OLVIDAR...

Desayuno | Comida | Cena

Mi día

FECHA

HORARIO

HORA	ACTIVIDAD

PRIORIDADES DEL DÍA

NOTAS

TAREAS PENDIENTES

- [ ]
- [ ]
- [ ]
- [ ]
- [ ]
- [ ]
- [ ]
- [ ]
- [ ]
- [ ]

NO OLVIDAR...

Desayuno   Comida   Cena

Mi día

FECHA

HORARIO

HORA	TAREAS

PRIORIDADES DEL DÍA

NOTAS

TAREAS PENDIENTES

- ☐
- ☐
- ☐
- ☐
- ☐
- ☐
- ☐
- ☐
- ☐
- ☐

NO OLVIDAR...

Desayuno   Comida   Cena

Mi día

FECHA _____

HORARIO

HORA	ACTIVIDAD

PRIORIDADES DEL DÍA

NOTAS

TAREAS PENDIENTES

- ☐
- ☐
- ☐
- ☐
- ☐
- ☐
- ☐
- ☐
- ☐
- ☐

NO OLVIDAR...

Desayuno   Comida   Cena

Mi día

FECHA

HORARIO

HORA	TAREAS

PRIORIDADES DEL DÍA

NOTAS

TAREAS PENDIENTES

- ☐
- ☐
- ☐
- ☐
- ☐
- ☐
- ☐
- ☐
- ☐
- ☐

NO OLVIDAR...

Desayuno Comida Cena

Mi día

FECHA

HORARIO

HORA	ACTIVIDAD

PRIORIDADES DEL DÍA

NOTAS

TAREAS PENDIENTES

- ☐
- ☐
- ☐
- ☐
- ☐
- ☐
- ☐
- ☐
- ☐
- ☐

NO OLVIDAR...

Desayuno Comida Cena

Mi día

FECHA

PRIORIDADES DEL DÍA

HORARIO

HORA	TAREAS

NOTAS

TAREAS PENDIENTES

- ☐
- ☐
- ☐
- ☐
- ☐
- ☐
- ☐
- ☐
- ☐
- ☐

NO OLVIDAR...

Desayuno   Comida   Cena

Mi día

FECHA

HORARIO

HORA	ACTIVIDAD

PRIORIDADES DEL DÍA

NOTAS

TAREAS PENDIENTES

- ☐
- ☐
- ☐
- ☐
- ☐
- ☐
- ☐
- ☐
- ☐
- ☐

NO OLVIDAR...

Desayuno   Comida   Cena

Mi día

FECHA

HORARIO

HORA	TAREAS

PRIORIDADES DEL DÍA

NOTAS

TAREAS PENDIENTES

- ☐
- ☐
- ☐
- ☐
- ☐
- ☐
- ☐
- ☐
- ☐
- ☐

NO OLVIDAR...

Desayuno   Comida   Cena

Mi día

FECHA

HORARIO

HORA	ACTIVIDAD

PRIORIDADES DEL DÍA

NOTAS

TAREAS PENDIENTES

- ☐
- ☐
- ☐
- ☐
- ☐
- ☐
- ☐
- ☐
- ☐
- ☐

NO OLVIDAR...

Desayuno | Comida | Cena

Mi día

FECHA

HORARIO

HORA	TAREAS

PRIORIDADES DEL DÍA !

NOTAS

TAREAS PENDIENTES

- ☐
- ☐
- ☐
- ☐
- ☐
- ☐
- ☐
- ☐
- ☐
- ☐

NO OLVIDAR...

Desayuno   Comida   Cena

Mi día

FECHA

HORARIO

HORA	ACTIVIDAD

PRIORIDADES DEL DÍA

NOTAS

TAREAS PENDIENTES

- ☐
- ☐
- ☐
- ☐
- ☐
- ☐
- ☐
- ☐
- ☐
- ☐

NO OLVIDAR...

Desayuno   Comida   Cena

Mi día

FECHA

HORARIO

HORA	TAREAS

PRIORIDADES DEL DÍA

NOTAS

TAREAS PENDIENTES

- ☐
- ☐
- ☐
- ☐
- ☐
- ☐
- ☐
- ☐
- ☐
- ☐

NO OLVIDAR...

Desayuno   Comida   Cena

Mi día

FECHA

HORARIO

HORA	ACTIVIDAD

PRIORIDADES DEL DÍA

NOTAS

TAREAS PENDIENTES

- ☐
- ☐
- ☐
- ☐
- ☐
- ☐
- ☐
- ☐
- ☐
- ☐

NO OLVIDAR...

Desayuno Comida Cena

Mi día

FECHA

HORARIO

HORA	TAREAS

PRIORIDADES DEL DÍA

NOTAS

TAREAS PENDIENTES

- ☐
- ☐
- ☐
- ☐
- ☐
- ☐
- ☐
- ☐
- ☐
- ☐

NO OLVIDAR...

Desayuno Comida Cena

Mi día

_____
FECHA
_____

HORARIO

HORA	ACTIVIDAD

PRIORIDADES DEL DÍA

NOTAS

TAREAS PENDIENTES

- ☐
- ☐
- ☐
- ☐
- ☐
- ☐
- ☐
- ☐
- ☐
- ☐

NO OLVIDAR...

Desayuno | Comida | Cena

Mi día

FECHA

PRIORIDADES DEL DÍA

HORARIO

HORA	TAREAS

NOTAS

TAREAS PENDIENTES

- ☐
- ☐
- ☐
- ☐
- ☐
- ☐
- ☐
- ☐
- ☐
- ☐

NO OLVIDAR...

Desayuno   Comida   Cena

Mi día

FECHA

HORARIO

HORA	ACTIVIDAD

PRIORIDADES DEL DÍA

NOTAS

TAREAS PENDIENTES

- ☐
- ☐
- ☐
- ☐
- ☐
- ☐
- ☐
- ☐
- ☐
- ☐

NO OLVIDAR...

Desayuno — Comida — Cena

Mi día

FECHA

HORARIO

HORA	TAREAS

PRIORIDADES DEL DÍA

NOTAS

TAREAS PENDIENTES

- ☐
- ☐
- ☐
- ☐
- ☐
- ☐
- ☐
- ☐
- ☐
- ☐

NO OLVIDAR...

Desayuno   Comida   Cena

Mi día

FECHA

HORARIO

HORA	ACTIVIDAD

PRIORIDADES DEL DÍA

NOTAS

TAREAS PENDIENTES

- ☐
- ☐
- ☐
- ☐
- ☐
- ☐
- ☐
- ☐
- ☐
- ☐

NO OLVIDAR...

Desayuno Comida Cena

Mi día

FECHA

HORARIO

HORA	TAREAS

PRIORIDADES DEL DÍA

NOTAS

TAREAS PENDIENTES

- ☐
- ☐
- ☐
- ☐
- ☐
- ☐
- ☐
- ☐
- ☐
- ☐

NO OLVIDAR...

Desayuno Comida Cena

Mi día

FECHA

HORARIO

HORA	ACTIVIDAD

PRIORIDADES DEL DÍA

NOTAS

TAREAS PENDIENTES

- ☐
- ☐
- ☐
- ☐
- ☐
- ☐
- ☐
- ☐
- ☐
- ☐

NO OLVIDAR...

Desayuno · Comida · Cena

Mi día

FECHA

HORARIO

HORA	TAREAS

PRIORIDADES DEL DÍA

NOTAS

TAREAS PENDIENTES

- ☐
- ☐
- ☐
- ☐
- ☐
- ☐
- ☐
- ☐
- ☐
- ☐

NO OLVIDAR...

Desayuno   Comida   Cena

Mi día

FECHA

HORARIO

HORA	ACTIVIDAD

PRIORIDADES DEL DÍA

NOTAS

TAREAS PENDIENTES

- ☐
- ☐
- ☐
- ☐
- ☐
- ☐
- ☐
- ☐
- ☐
- ☐

NO OLVIDAR...

Desayuno   Comida   Cena

Mi día

FECHA

HORARIO

HORA	TAREAS

PRIORIDADES DEL DÍA

NOTAS

TAREAS PENDIENTES

- ☐
- ☐
- ☐
- ☐
- ☐
- ☐
- ☐
- ☐
- ☐
- ☐

NO OLVIDAR...

Desayuno Comida Cena

Mi día

FECHA

HORARIO

HORA	ACTIVIDAD

PRIORIDADES DEL DÍA

NOTAS

TAREAS PENDIENTES

- ☐
- ☐
- ☐
- ☐
- ☐
- ☐
- ☐
- ☐
- ☐
- ☐

NO OLVIDAR...

Desayuno   Comida   Cena

Mi día

FECHA

HORARIO

HORA	TAREAS

PRIORIDADES DEL DÍA

NOTAS

TAREAS PENDIENTES

- ☐
- ☐
- ☐
- ☐
- ☐
- ☐
- ☐
- ☐
- ☐
- ☐

NO OLVIDAR...

Desayuno Comida Cena

NOTAS

NOTAS

NOTAS

NOTAS

NOTAS

NOTAS

CONTACTOS

Nombre: _____
Tlf.: _____
Móvil: _____
Dirección: _____
_____
e-mail: _____

Nombre: _____
Tlf.: _____
Móvil: _____
Dirección: _____
_____
e-mail: _____

Nombre: _____
Tlf.: _____
Móvil: _____
Dirección: _____
_____
e-mail: _____

Nombre: _____
Tlf.: _____
Móvil: _____
Dirección: _____
_____
e-mail: _____

Nombre: _____
Tlf.: _____
Móvil: _____
Dirección: _____
_____
e-mail: _____

Nombre: _____
Tlf.: _____
Móvil: _____
Dirección: _____
_____
e-mail: _____

Nombre: _____
Tlf.: _____
Móvil: _____
Dirección: _____
_____
e-mail: _____

Nombre: _____
Tlf.: _____
Móvil: _____
Dirección: _____
_____
e-mail: _____

Nombre: _____
Tlf.: _____
Móvil: _____
Dirección: _____
_____
e-mail: _____

Nombre: _____
Tlf.: _____
Móvil: _____
Dirección: _____
_____
e-mail: _____

CONTACTOS

Nombre: _____
Tlf.: _____
Móvil: _____
Dirección: _____
_____
e-mail: _____

Nombre: _____
Tlf.: _____
Móvil: _____
Dirección: _____
_____
e-mail: _____

Nombre: _____
Tlf.: _____
Móvil: _____
Dirección: _____
_____
e-mail: _____

Nombre: _____
Tlf.: _____
Móvil: _____
Dirección: _____
_____
e-mail: _____

Nombre: _____
Tlf.: _____
Móvil: _____
Dirección: _____
_____
e-mail: _____

Nombre: _____
Tlf.: _____
Móvil: _____
Dirección: _____
_____
e-mail: _____

Nombre: _____
Tlf.: _____
Móvil: _____
Dirección: _____
_____
e-mail: _____

Nombre: _____
Tlf.: _____
Móvil: _____
Dirección: _____
_____
e-mail: _____

Nombre: _____
Tlf.: _____
Móvil: _____
Dirección: _____
_____
e-mail: _____

Nombre: _____
Tlf.: _____
Móvil: _____
Dirección: _____
_____
e-mail: _____

MIS VIAJES

Destino: _____
Fecha de ida: _____ Fecha de vuelta: _____
Sitios de interés: _____
_____
_____

Presupuesto: _____

Destino: _____
Fecha de ida: _____ Fecha de vuelta: _____
Sitios de interés: _____
_____
_____

Presupuesto: _____

Destino: _____
Fecha de ida: _____ Fecha de vuelta: _____
Sitios de interés: _____
_____
_____

Presupuesto: _____

Destino: _____
Fecha de ida: _____ Fecha de vuelta: _____
Sitios de interés: _____
_____
_____

Presupuesto: _____

Destino: _____
Fecha de ida: _____ Fecha de vuelta: _____
Sitios de interés: _____
_____
_____

Presupuesto: _____

MIS VIAJES

Destino: _____
Fecha de ida: _____ Fecha de vuelta: _____
Sitios de interés: _____
_____
_____

Presupuesto: _____

Destino: _____
Fecha de ida: _____ Fecha de vuelta: _____
Sitios de interés: _____
_____
_____

Presupuesto: _____

Destino: _____
Fecha de ida: _____ Fecha de vuelta: _____
Sitios de interés: _____
_____
_____

Presupuesto: _____

Destino: _____
Fecha de ida: _____ Fecha de vuelta: _____
Sitios de interés: _____
_____
_____

Presupuesto: _____

Destino: _____
Fecha de ida: _____ Fecha de vuelta: _____
Sitios de interés: _____
_____
_____

Presupuesto: _____

MIS GASTOS

Mes: _____

CONCEPTO	GASTOS	INGRESOS

TOTAL

PÉRDIDAS:_____ AHORRO:_____

MIS GASTOS

Mes: _____

CONCEPTO	GASTOS	INGRESOS
TOTAL		

PÉRDIDAS:_____ AHORRO:_____

MIS GASTOS

Mes: _____

CONCEPTO	GASTOS	INGRESOS
TOTAL		

PÉRDIDAS:_____   AHORRO:_____

MIS GASTOS

Mes: _____

CONCEPTO	GASTOS	INGRESOS
TOTAL		

PÉRDIDAS:_____   AHORRO:_____

MIS GASTOS

Mes: _____

CONCEPTO	GASTOS	INGRESOS
TOTAL		

PÉRDIDAS:_____ AHORRO:_____

MIS GASTOS

Mes: _____

CONCEPTO	GASTOS	INGRESOS
TOTAL		

PÉRDIDAS:_____   AHORRO:_____

MIS GASTOS

Mes: _____

CONCEPTO	GASTOS	INGRESOS
TOTAL		

PÉRDIDAS:_____   AHORRO:_____

MIS GASTOS

Mes: _____

CONCEPTO	GASTOS	INGRESOS
TOTAL		

PÉRDIDAS: _____   AHORRO: _____

MIS GASTOS

Mes: _____

CONCEPTO	GASTOS	INGRESOS
TOTAL		

PÉRDIDAS: _____   AHORRO: _____

MIS GASTOS

Mes: _____

CONCEPTO	GASTOS	INGRESOS
TOTAL		

PÉRDIDAS:_____ AHORRO:_____

MIS GASTOS

Mes: _____

CONCEPTO	GASTOS	INGRESOS
TOTAL		

PÉRDIDAS:_____   AHORRO:_____

MIS GASTOS

Mes: _____

CONCEPTO	GASTOS	INGRESOS
TOTAL		

PÉRDIDAS: _____ AHORRO: _____

www.ingramcontent.com/pod-product-compliance
Lightning Source LLC
Chambersburg PA
CBHW050156230526
45470CB00001B/119